DO SUMO BEM
E DO SUMO MAL

DO SUMO BEM E DO SUMO MAL
(DE FINIBUS BONORUM ET MALORUM)

Marco Túlio Cícero

Tradução
CARLOS ANCÊDE NOUGUÉ

Título do original latino: DE FINIBUS BONORUM ET MALORUM
Copyright © 2005, Livraria Martins Fontes Editora Ltda.,
Copyright © 2020, Editora WMF Martins Fontes Ltda.,
São Paulo, para a presente edição.

1ª edição 2005
2ª edição 2020

Tradução
CARLOS ANCÊDE NOUGUÉ

Acompanhamento editorial
Luzia Aparecida dos Santos
Revisões
Maria Luiza Favret
Helena Guimarães Bittencourt
Dinarte Zorzanelli da Silva
Produção gráfica
Geraldo Alves
Paginação
Studio 3 Desenvolvimento Editorial

Dados Internacionais de Catalogação na Publicação (CIP)
(Câmara Brasileira do Livro, SP, Brasil)

Cícero, Marco Túlio
  Do sumo bem e do sumo mal : (de finibus bonorum et malorum) / Marco Túlio Cícero ; tradução Carlos Ancêde Nougué. – 2ª ed. – São Paulo : Editora WMF Martins Fontes, 2020. – (Clássicos WMF)

Título original: De finibus bonorum et malorum.
ISBN 978-85-469-0307-8

1. Bem e mal – Obras anteriores a 1800 2. Ética – Obras anteriores a 1800 I. Título. II. Série.

19-31682   CDD-171

Índices para catálogo sistemático:
1. Cícero : Sistemas éticos : Filosofia moral   171

Iolanda Rodrigues Biode – Bibliotecária – CRB-8/10014

Todos os direitos desta edição reservados à
Editora WMF Martins Fontes Ltda.
Rua Prof. Laerte Ramos de Carvalho, 133 01325-000 São Paulo SP Brasil
Tel. (11) 3293-8150 e-mail: info@wmfmartinsfontes.com.br
http://www.wmfmartinsfontes.com.br

Sumário

Apresentação IX

Livro primeiro.. 1
Livro segundo.. 33
Livro terceiro 89
Livro quarto.. 121
Livro quinto 157

A Marco Bruto

Apresentação

A figura de Marco Túlio Cícero (Arpino, 106-Caieta, 43 a.C.) sempre se mostrou paradoxal a quem a buscasse definir, e não só porque nela não há nítida fronteira entre o filósofo, o retórico e o político. Também porque, como desde há muito já se tornou corrente afirmar, Cícero, por um lado, não teria sido filósofo superior, do porte de um Platão ou de um Aristóteles, nem original, uma vez que a sua filosofia se resumiria a uma pobre tentativa de conciliar todas as escolas precedentes, sendo ele, porém, por outro lado, o verdadeiro vaso comunicante tanto entre o pensamento helênico e o pensamento romano como, mais tarde, entre a cultura antiga e os Padres latinos (com especial influência sobre santo Agostinho, santo Ambrósio e são Jerônimo). Como conciliar aquela suposta pobreza com esta real importância? A resposta a podemos extrair, em grande parte, de *Do sumo bem e do sumo mal*, que com *Da República*, as *Tusculanas* e *De officiis* forma o grupo das obras mais notáveis deste homem a quem, com toda a justiça, deu o povo romano o título de Pai da Pátria.

Assim, pois, neste conjunto de disputas* de que participou Cícero em 45 a.C. e a que, em livro, chamou *De finibus*

---

* Chamava-se *disputa* (lat. *disputatio*) à confrontação dialética em que cada parte defendia verbalmente os seus pontos de vista. Como método de *bonorum et malorum*, ecoa antes de tudo a preocupação principal de toda a vida do nosso filósofo: transplantar a cultura grega para o então solo rústico da sua pátria, a fim de dar-lhe uma orientação ética geral e solidificar, sobre os alicerces perenes da lei natural, esta *pólis* que progressivamente se confundia com quase todo o orbe conhecido. Julgavam-se os romanos destinados pelos deuses a impor universalmente a *Pax*, o que, com efeito, como escreve santo Tomás de Aquino (em *Sobre o regime dos príncipes*, livro I), deve ser "a intenção de qualquer governante" com respeito ao "povo que tomou sob o seu mando", pois, "sendo o bem e a saúde da sociedade a conservação da sua unidade, que é a paz, sem a qual desaparece a utilidade da vida social, e sendo a dissensão tão prejudicial à mesma sociedade, o que deve tentar antes de tudo aquele que rege a sociedade é proporcionar a unidade da paz. A paz social não é matéria de conselho para o governante, como não é matéria de conselho para o médico a saúde do doente que a ele se confia". Sucede todavia que, contraditoriamente, aquele mesmo povo de duros camponeses-guerreiros que se votavam a erguer uma civilização universal sob o seu império só pouco a pouco, e não sem dificuldade, assimilava a herança filosófica grega. Era tal a sua repugnância inicial com relação aos vencidos helenos e seu gênio, que, em 161 a.C., se perpetrara o banimento geral dos seus filósofos e retóricos. Agora, porém, o que passou a conhecer-se por "sincretismo filosófico" agregara em Roma uma série de homens ilustres pela sua posição política e social e/ou pelas suas qualidades literárias, e que iriam forjar o gênio romano maduro – entre os quais refulgia precisamente Cícero, que a todos superava em equilíbrio de idéias, habilidade dialética, eloqüência e estilo. Pode-se

....
ensino, porém, a *disputatio*, que remonta a Aristóteles, só se estabelecerá e regulamentará de todo com a escolástica medieval, a partir do modelo do *Sic et non* de Pedro Abelardo.

dizer, em sentido lato, que Roma teve três fundadores: Rômulo, Cícero e Virgílio.

O que, no entanto, tinha sido repugnância acabara por transformar-se, no seio daquele mesmo grupo de homens ilustres, em culto demasiado: grassava entre eles o que se poderia chamar "helenismo servil", que os fazia desprezar não só os melhores escritores romanos, mas o próprio idioma latino. O grego tornara-se a sua língua de cultura. Por isso, insurgindo-se contra tal descomedimento antipatriótico, diz Cícero no preâmbulo a uma das disputas de *Do sumo bem e do sumo mal*: "Mais difícil é satisfazer os que dizem desprezar todos os escritos latinos. E aqui é de admirar por que em coisas tão sérias não deleita a língua pátria a eles, os quais todavia lêem não com desgosto as fábulas latinas – traduzidas do grego ao pé da letra. Quem é tão inimigo do povo romano que possa desprezar ou rejeitar a *Medéia* de Ênio ou a *Antíope* de Pacúvio? Quem será capaz de dizer que se deleita com as fábulas de Eurípides e aborrece as letras latinas? Hei de ler eu (perguntar-me-á algum) os *Sinefebos* de Cecílio ou a *Ândria* de Terêncio antes que os originais de Menandro? O meu parecer é tão contrário ao desses homens, que, tendo embora sido Sófocles admirável em sua *Electra*, me julgo obrigado a lê-la mal traduzida por Atílio, de quem diz Licínio que foi escritor duro, mas verdadeiro escritor e pois digno de ser lido. Ser de todo ignorante com respeito ao que escreveram os nossos poetas delata ou uma grande inércia e desídia, ou um paladar demasiado enojadiço e delicado. A mim não me parecem bastante eruditos os que ignoram as nossas coisas". Não obstante, no campo propriamente filosófico, tal desprezo brotava de raiz real e razoável: não tinha a língua latina, nascida que era da rude terra do Lácio, nomes específicos nem bastantes para expressar os conceitos forjados pelo pensamento grego. Para que se tenha uma idéia da complexidade deste problema, veja-se que tinha sido Aristóteles – o verdadeiro fundador da linguagem filosófica e científica universal – quem criara numerosíssimos termos e expressões hoje presentes em grande parte dos idiomas do mundo, mas absolutamente sem correspondentes no latim bucólico de então: por exemplo, *análysis* (análise), *anomoiomerés* (heterogêneo), *antíphasis* (contradição), *apodeiktikós* (demonstrativo, apodíctico), *apófasis* (afirmação), *dichotomía* (dicotomia), *enantiótes* (oposição), *enérgeia* (energia), *enótes* (unidade), *epaktikós* (indutivo), *eterótes* (alteridade), *genikós* (genérico), *categorikós* (categórico), *logikós* (lógico), *organikós* (orgânico), *to en arkhêi aiteísthai* (petição de princípio). Pois bem, é ainda ao longo das disputas de *Do sumo bem e do sumo mal* que podemos ver Cícero empenhar-se, com o equilíbrio costumeiro, mas com vigor emocionante, na criação ou adaptação de vocábulos latinos para as coisas e idéias que povoam o universo filosófico, razão por que se deve também dizer: foi Cícero – "o príncipe da romana eloqüência" – um dos forjadores do mais alto latim itálico. Ainda com Virgílio.

Mas, se do que se disse até aqui é fácil inferir a importância de Cícero como vaso comunicante entre três mundos, resta-nos ainda por atacar o nervo sensível do aparente paradoxo apontado no início. Terá sido pobre a filosofia do Pai da Pátria? Ora, se se compara a sua filosofia à de Platão ou à de Aristóteles nos termos destas, não há como responder negativamente à pergunta. Acontece, todavia, que esta mesma pergunta parte de uma premissa falsa: que todos os sistemas filosóficos se podem comparar abstraindo-se as suas respectivas especificidades, informações e fins. Há comparação possível entre Sócrates e Platão? Ou entre Aristóteles e santo Agostinho? Efetivamente, não os podemos comparar, para buscar superioridades, senão fazendo intervir elementos justos mas externos ao pensamento deles: ou a moral, ou a política, ou a sistemática, ou a teologia etc. Suposto isso, contudo, será pobre em si mesma, nos seus próprios termos, a filosofia de Cícero? Lê-se amiúde, a respeito, que a sua filosofia seria anêmica precisamente pela multiplicidade inorgânica das suas influências. Cícero teria pertencido, do ângulo gnosiológico, à Nova Academia (a Academia céptica de Arcilau), mas, "ao mesmo tempo", ter-se-ia fortemente influído pelo Pórtico médio, pelo mero fato de ter freqüentado mestres estóicos – além de ter-se inclinado muito para o probabilismo da Academia... Em resumo: um eclético neo-acadêmico, ou um platônico com elementos cépticos e estóicos... Algo sempre assim, sempre incongruente e muito distante da realidade. Sim, porque, se é fato que houve o grupo romano do chamado "sincretismo filosófico", de que fez parte Cícero, nenhum dos expoentes deste mesmo grupo, incluído naturalmente o nosso filósofo, deixou de estar no seu sincretismo particular sob o norte de determinada escola. E é assim que vemos Cícero, ao longo de *Do sumo bem e do sumo mal*, disputar duramente com pares "sincretistas" seus: ora demole o castelo de cartas da "filosofia" epicurista, ferindo-a, ademais, com ironia aguda e incisiva, pelo muito que tinha de lassidão moral, de carência de virilidade, de menosprezo da Virtude; ora vitupera o pedantismo e as desnecessárias complicações dos estóicos, demonstrando, irrefutavelmente, que em grande parte e essencialmente eles não diziam nada diferente das coisas que já tinham dito os platônicos e os peripatéticos, alterando-lhes, todavia, abusivamente, os nomes (e registre-se o desmascaramento que inflige a Zenão). Qual, porém, era a escola que norteava o "sincretismo" de Cícero? Já o disse na Apresentação de *A virtude e a felicidade**: a "escola" Sócrates. O nosso filósofo era um perfeito discípulo de Sócrates, um perfeito seguidor do seu método *sui generis*, e, se o afirma claramente nas *Tusculanas*, pratica-o extensa e minuciosamente nas disputas de *Do sumo bem e do sumo mal*. "Conhece-te a ti mesmo" – também filosoficamente: é esta a melhor suma desta obra maior. Há duas coi-

---

* O livro quinto das *Tusculanas*, publicado também pela Martins Fontes.

sas mais, no entanto, com respeito à filosofia ciceroniana. A primeira, à qual, pelo que sei, nunca se deu a devida atenção: o socrático Cícero, o mesmo Cícero que das obras de Aristóteles só teve acesso às exotéricas, era contudo, em parte mas profundamente, também aristotélico. (Que maior prova disto pode haver que o seu quase completo silêncio e anuência na última "disputa" de *Do sumo bem e do sumo mal*, ou seja, a "monologada" por um peripatético?) E a segunda, e decisiva para negar a sua alegada pobreza: foi Cícero quem, entre todos os filósofos antigos, defendeu *inequivocamente* a existência de uma *lei natural* válida para todos os tempos, para todas as cidades, para todos os povos, para todos os homens, lei criada, promulgada e propagada pela Razão divina que governa o mundo. Antecipava, nisto, toda a filosofia patrística e escolástica.

Há, todavia, por fim, um dado maior para rematar a figura de Cícero em toda a sua grandeza: a absoluta concordância entre a sua filosofia e a maneira como ele se portou na hora de perder a vida – "pelos frutos os conhecereis". Antes de ser degolado por sicários a soldo de Marco Antônio, primeiro pronunciou aristotélica e, digamos, "pré-cristãmente": "Causa das causas, tem misericórdia de mim", e depois, ao estender ele próprio o pescoço para o golpe fatal, proferiu socraticamente: "Morra eu na pátria que tantas vezes salvei".

Com toda a justeza poderia Dante ter eleito Cícero para seu guia, ao lado de Virgílio, *"nel mezzo del cammin di nostra vita"*.

Carlos Ancêde Nougué

Livro primeiro

I

Eu não ignorava, amigo Bruto[1], quando comecei a expor em latim o que os filósofos gregos tinham tratado com máximo engenho e magnífica doutrina, que este nosso trabalho havia de estar sujeito a várias censuras. Alguns, e não de todo indoutos, reprovam todo e qualquer gênero de filosofia. Outros, sem rejeitá-la completamente, se a fazemos moderadamente, consideram mau que eu tenha votado tanto estudo e tanto trabalho a semelhante tarefa. Haverá alguns, instruídos nas letras gregas e depreciadores das latinas, que julgarão preferível ocupar o tempo com ler os gregos. Por fim, suspeito que não haverá de faltar quem me estimule a escrever acerca de outra coisa, porque não seria adequada a filosofia à dignidade da minha pessoa. A todos responderei brevemente aqui, conquanto a respeito dos detratores da filosofia tenha dito já o bastante no livro em que fiz a defesa e louvor dela,

---

1. Marco Júlio Bruto (86-42 a.C.). Pretor, conjurou com Cássio contra César, que ambicionava o poder supremo e que, tido por seu pai, lhe disse ao vê-lo com o punhal erguido: "Também tu, meu filho!" Perseguido por Antônio e Otaviano, Bruto foi vencido na Macedônia, quando, desesperançado de salvar a República, exclamou: "Virtude!, não passas de um nome", lançando-se em seguida sobre a ponta de uma espada, que lhe traspassou o corpo. (Todas as notas de rodapé são do tradutor.)

por ter sido acusada e vituperada por Hortênsio². E, tendo aprovado aquele livro tu e aqueles cujo julgamento mais me apraz, acabei por empreender coisas maiores, por receio de que, em razão de ter excitado a curiosidade dos nossos homens, não parecesse que os deixava sem satisfação. Os que, desfrutando embora deste estudo, querem que ele se faça com moderação, pedem difícil temperança em algo que, uma vez empreendido, não se pode deter nem conter; de modo que me parecem mais justos os que buscam afastar-me completamente da filosofia que os que reclamam moderação no infinito e mediania em coisa que é tanto melhor quanto maior é. Porque, se é possível chegar à sabedoria, não devemos tão-somente buscá-la, mas desfrutá-la; e, se é muito difícil alcançá-la, não é possível porém determo-nos na investigação antes de ter encontrado a verdade, por ser belíssimo o que se busca. Se nos deleitamos escrevendo, quem há de ser tão invejoso que nos queira tirar este prazer? Se trabalhamos, quem há de impor moderação à indústria alheia? Assim como o Cremes de Terêncio³ não quer que o seu vizinho cave nem are, nem tenha nenhum outro labor rústico, e isso por humanidade e por afastá-lo do trabalho servil, assim também fazem esses curiosos a quem ofende o nosso trabalho, que não me é nada pesado nem desagradável.

II

Mais difícil é satisfazer os que dizem desprezar todos os escritos latinos. E aqui é de admirar por que em coisas tão

---

2. Quinto Hortênsio (114-50 a.C.), orador romano e rival de Cícero, de quem, todavia, acabou por tornar-se amigo.
3. Cremes, personagem do poeta latino Terêncio (c. 190-159 a.C.). Escravo liberto e autor de numerosas comédias imitadas do grego, e sobretudo de Menandro, Terêncio compôs o seguinte verso célebre: "Sou homem, e não reputo alheio a mim nada do que é humano" (*"Homo sum: humani nihil a me alienum puto"*).

sérias não deleita a língua pátria a eles, os quais todavia lêem não com desgosto as fábulas latinas – traduzidas do grego ao pé da letra. Quem é tão inimigo do povo romano que possa desprezar ou rejeitar a *Medéia* de Ênio ou a *Antíope* de Pacúvio[4]? Quem será capaz de dizer que se deleita com as fábulas de Eurípides e aborrece as letras latinas? Hei de ler eu (perguntar-me-á algum) os *Sinefebos* de Cecílio ou a *Ândria* de Terêncio antes que os originais de Menandro[5]? O meu parecer é tão contrário ao desses homens, que, tendo embora sido Sófocles admirável em sua *Electra*, me julgo obrigado a lê-la mal traduzida por Atílio, de quem diz Licínio que foi escritor duro, mas verdadeiro escritor e pois digno de ser lido. Ser de todo ignorante com respeito ao que escreveram os nossos poetas delata ou uma grande inércia e desídia, ou um paladar demasiado enojadiço e delicado. A mim não me parecem bastante eruditos os que ignoram as nossas coisas. Se lemos na nossa língua aquela cena que assim principia: "Quem dera que no bosque...", e nos agrada não menos que em grego, por que não nos hão de agradar em latim os preceitos que Platão ministrou sobre o bem e a felicidade da vida? E, se escolhemos entre as opiniões alheias as que melhores nos parecem, e lhes aplicamos o nosso próprio juízo e o nosso próprio modo de escrever, por que se hão de antepor as sentenças dos gregos a estas outras que tão esplendidamente estão ditas e não são traduzidas do grego? E, se dizem que também os gregos trataram estas matérias, não vejo razão para ler tantos autores como se lêem e de fato de-

....

4. Quinto Ênio (n. 239 a.C.) e Marco Pacúvio (220-c. 132 a.C.), sobrinho daquele, dois dos poetas dramáticos mais antigos de Roma. O primeiro era considerado um poeta duro, incorreto, mas Virgílio não desdenhava imitá-lo e sabia extrair pérolas da "estrumeira de Ênio" (*de stercore Ennii*); o segundo era tido mais por filósofo que por poeta.

5. Poeta cômico grego (342-292 a.C.), o mais célebre representante da Comédia Nova. Quase todas as suas obras se perderam, não sendo conhecidas senão pelas imitações que delas fizeram Plauto e Terêncio.

vem ser lidos. Que há nos estóicos que não tenha sido declarado por Crisipo[6]? Não obstante, lemos Diógenes, Antípatro, Mnesarco, Panécio e muitos outros, e sobretudo Possidônio[7]. E não nos deleita Teofrasto[8] ao tratar assuntos já tratados por Aristóteles? E porventura os epicuristas deixam de escrever a seu talante sobre as mesmas coisas acerca das quais pensaram Epicuro e os antigos? E, se os gregos lêem a respeito de uma mesma matéria diferentes autores seus, por que os nossos não haverão de ser lidos por nós?

III

Se eu tivesse traduzido Platão ou Aristóteles, tal qual os nossos poetas traduziram ao pé da letra os trágicos, creio que teria merecido a aprovação dos meus concidadãos, por ter-lhes permitido o conhecimento daqueles divinos talentos. Isto, porém, ainda não o fiz, conquanto não julgue que me esteja fechado o caminho para fazê-lo. Traduzirei só algumas passagens, quando venham ao caso e seja oportuna a ocasião, e não de modo diverso de como Ênio costuma traduzir Homero, e Afrânio, Menandro. E nem por isso me oporei, como o nosso Lucílio[9], a que todos me leiam. Quem nos dera existisse agora aquele Perseu, e sobretudo aquele Cipião, e aquele Rutílio cujo julgamento era tão acurado, que lhe per-

---

6. Filósofo grego (c. 381-205 a.C.). Discípulo de Zenão, foi um dos principais defensores do estoicismo.
7. Historiador e filósofo estóico nascido na Síria (c. 135-50 a.C.), discípulo do grego Panécio (c. 180-c. 110 a.C.) e a quem se atribuem as seguintes palavras: "Por mais que me faças sofrer, ó dor, jamais convirei em que és um mal."
8. Filósofo grego (372-287 a.C.) que sucedeu a Aristóteles na direção do Liceu. Da sua obra só nos chegou *Caracteres*, uma *História das plantas* e alguns poucos fragmentos sobre literatura.
9. Caio Lucílio (180-102 a.C.), poeta satírico romano e amigo de Cipião Emiliano.

mitia dizer que escrevia tanto para os tarentinos como para os consentinos[10] e os sicilianos. Gracioso é ele nisto como em outras coisas, mas não havia então tantos homens doutos a quem dirigir-se, e ademais são ligeiros os seus escritos, nos quais aparece, sim, grandíssima urbanidade, mas doutrina tão-somente mediana. Eu, porém, a que leitor hei de recear, uma vez que me atrevo a escrever-te a ti, que nem sequer aos gregos cedes em matéria de filosofia? Conquanto, em verdade, o faça de certo modo estimulado por ti mesmo, por aquele seriíssimo livro sobre *A virtude* que me enviaste. E creio que, se alguns detestam os latinos, é porque toparam com certos escritos incultos e horrorosos, que eram maus em grego e são piores em latim. Estarei de acordo com os que a estes detestam, desde que não considerem dignos de ser lidos os gregos que escreviam mal. As coisas boas, todavia, ditas com palavras graves, quem as deixará de ler senão aquele que pretenda ser em tudo um grego, como em Atenas dizia de Albúcio o pretor Cévola? Conta-o com muita graça e sal Lucílio, que faz dizer a Cévola estas palavras: "Tu, Albúcio, preferiste ser chamado grego a ser chamado romano e sabino, da província do Ponto e o primeiro dos centuriões. Eu, portanto, pretor em Atenas, devo saudar-te com o título que mais te agrada: *Chaire*[11], eu te saúdo, ó Tito; lictores, esquadrão, coorte, dizei comigo: salve, ó Tito: por isto tenho Albúcio por inimigo." Tinha razão Cévola. E é-me perpétuo o assombro: de onde terá procedido este desrespeitoso desprezo das coisas domésticas? Não é esta a ocasião de prová-lo, mas creio, e muitas vezes o defendi, que a língua latina não só não é pobre, como a considera o vulgo, senão que é mais rica que a grega. Sim, porque quando nos faltou, não

....

10. Os habitantes da cidade de Consentia, hoje Consenza, no Brútio, atual Calábria Ulterior.
11. Fórmula grega de saudação, de que deriva a fórmula latina *chaere*, de idêntico valor.

digo a nós, mas aos bons oradores e poetas, e pelo menos depois que tivemos a quem imitar, qualquer ornato ou elegante locução?

IV

E eu, que nos trabalhos e perigos forenses não creio jamais ter abandonado o posto em que me colocou o povo romano, devo trabalhar quanto possa para que com o meu estudo e diligência se tornem mais doutos os meus concidadãos, e não disputar com os que preferem ler em grego (se é que o fazem verdadeiramente e não o fingem), e servir os que querem valer-se das letras tanto em grego como em latim ou que, tendo-as já na sua, não lhes importa grandemente as que estejam nas outras. Os que preferem que escrevamos outras coisas devem ter em conta, para ser justos, que já escrevemos muito, talvez mais que qualquer outro dos nossos, e que talvez ainda escrevamos mais, se a vida no-lo consentir; e, no entanto, quem ler atentamente o que escrevemos de filosofia julgará que nada é de maior importância nem mais digno de ler que o que agora disputamos. Pois que coisa há mais digna de investigar para a vida humana que o fim, a razão última a que se hão de referir todos os propósitos de bem viver e de bem agir, e que é o que busca a natureza como ao sumamente apetecível? E que é aquilo de que foge como do extremo dos males? E, havendo acerca deste ponto tanta dissensão entre os mais doutos filósofos, quem há de julgar estranho à dignidade que todos me concedem o investigar o que é mais excelente e verdadeiro em toda a ocupação da vida? Disputar-se-á entre os principais da nossa cidade, Públio Cévola, Marco Manílio, Marco Bruto, se os filhos de uma escrava hão de contar-se no usufruto (e não nego que estas disputas requeiram muito talento e sejam úteis para a vida civil), e nós leremos, como lemos, com gosto escritos jurídicos e desprezaremos estes outros que se referem a toda a vida humana? E, se é verdade que aqueles se vendem mais amplamente, também o é que estes são mais proveitosos, como o poderá julgar quem quer que os leia. Esta questão do sumo bem e do sumo mal creio tê-la desenvolvido graças a estes livros, de onde não só recolhi o que penso, mas também os pareceres das principais escolas filosóficas.

V

E, começando pelo mais fácil, expliquemos antes de tudo uma sentença de Epicuro, que é conhecida de todos e que exporei com o cuidado com que não costumam expô-la os seus mesmos discípulos. Propomo-nos a investigar a verdade, e não a convencer nenhum adversário. Recordo que certa vez Lúcio Torquato, homem erudito em toda a ciência, defendeu com muita habilidade o parecer de Epicuro acerca do deleite, e que, diante de Caio Triário, moço dos mais sérios e doutos, e que assistia à disputa, tive oportunidade de responder-lhe. Tendo vindo ambos ao prédio Cumano para saudar-me, falaram primeiro das letras, às quais ambos tinham grande amor, e disse depois Torquato:

– Já que te encontramos ocioso, escutarei com muito gosto as razões que tens não para odiar o nosso Epicuro, como o faz a maior parte dos que dele dissentem, mas para não aprová-lo de todo; pois creio que ele foi o único que enxergou a verdade e que livrou de grandes erros o espírito humano, ensinando tudo quanto permite uma vida boa e feliz. Creio porém que tu, como o nosso Triário, te deleitas menos com ele porque ele abandonou esses ornamentos do discurso de que usavam Platão, Aristóteles e Teofrasto. Quanto ao mais, não consigo convencer-me de que o que a ele lhe pareceu bom não te pareça verdadeiro a ti.

— Veja como te enganas, ó Torquato. Não me ofende o estilo desse filósofo. Diz em poucas palavras o que pretende, e di-lo de maneira simples e inteligível; e, se a um filósofo se lhe acrescenta a eloqüência, não a desprezarei, mas, se não a tem, tampouco lhe sentirei muito a falta. Quantos todavia forem os homens, tantos serão os pareceres. O certo é que todos podemos enganar-nos.
— E por que a doutrina dele não te satisfaz? Tenho-te por juiz eqüitativo, mas é preciso que conheças bem o que ele disse.
— Se não mentiram Fedro e Zenão[12] (cujas lições escutei, ainda que a ambos nada lhes parecesse bom em mim além da laboriosidade), conheço bastante todas as sentenças de Epicuro. A um e outro dos que acabo de referir, escutei-os amiúde, em companhia do nosso Ático, que era grande admirador de ambos e professava especial carinho a Fedro. Todos os dias disputávamos acerca do que escutáramos, e nunca versava a controvérsia sobre o que eu entendera, mas sobre o que eu aprovava.

VI

— E que é o que não aprovavas? Desejo sabê-lo.
— Em primeiro lugar, a sua física, de que tanto te glorias, e que, no entanto, é totalmente alheia. Acrescentou algumas coisas a Demócrito[13], alterando muito poucas, conquanto me pareça que as que pretende corrigir ele acaba por pô-las a perder. Crê que os átomos se movem, agitam e congregam no vazio infinito, onde não há nada supremo, nem ínfimo,

....
12. Ambos, filósofos epicuristas.
13. Filósofo grego atomista (Abdera, Trácia, c. 460-c. 370 a.C.) que pregava a busca da felicidade pela moderação dos desejos, e que se ria continuamente da loucura humana, ao contrário de Heráclito, a quem o mesmo motivo fazia chorar.

nem médio, nem último; que desses átomos resultam todas as coisas que existem e vemos, e que esse movimento de átomos não teve princípio, mas se verifica desde toda a eternidade. É naquilo em que segue Demócrito que Epicuro menos tropeça, conquanto nem a um nem a outro eu aprove o fato de que, devendo-se buscar na natureza dois princípios, um a matéria, de que cada coisa se faz, e o outro a força, que faz cada coisa, tenham tratado só da matéria, deixando de lado a força e a causa eficiente. Este porém é vício comum; os que se lhe seguem são erros próprios de Epicuro. Ele crê que todos os corpos elementares e sólidos são impelidos pelo seu próprio peso para cima e de forma linear; e que este é o movimento natural de todos os corpos. Mas pensou depois esse homem tão agudo que, se tudo se movesse para cima, para a frente e em linha, não seria possível o contato dos átomos entre si, razão por que inventou a teoria da declinação dos átomos, coisa de todo impossível. E disse que do encontro, acoplamento e adesão dos átomos entre si se origina o mundo e todas as suas partes. Tudo isso, além de ser ficção pueril, de modo algum prova o que se pretende. A própria declinação é um fingimento *ad libitum* e sem causa, e não há nada mais inepto para um físico que imaginar um fenômeno sem causa. Tirou injustificadamente aos átomos aquele movimento natural de todo e qualquer peso para o centro, e ademais não alcançou o fim que lhe tinha impedido aceitar isto. Sim, porque, se todos os átomos declinassem, não haveria coesão alguma entre eles; e, se uns declinassem e os outros se movessem em linha reta, seria isto o mesmo que assinalar províncias aos átomos para que uns se movessem retamente e os outros obliquamente; e, além disso, aquele turbulento concurso de átomos acerca do qual tantas dúvidas teve Demócrito não teria podido produzir nunca tudo isto de que se orna o mundo. E tampouco é digno de um físico crer que existe uma quantidade mínima, o que ele nunca teria crido se tivesse preferido aprender a geometria de Polieno, amigo seu, a tentar ensiná-la ele próprio. O Sol pareceu a Demócrito muito grande, porque Demócrito era homem erudito e versado em geometria. A Epicuro talvez lhe pareça que não tem mais de dois pés, porque o julga como à primeira vista aparece, ou pouco maior. Assim, as coisas que ele muda põem-nas a perder, ao passo que as que aceita são todas e integralmente de Demócrito: átomos, vazio, e ídolos ou imagens, por meio das quais não só vemos, mas também pensamos o infinito mesmo e os incontáveis mundos que nascem e morrem cada dia. E, conquanto eu não aprove de modo algum nada disso, não gostaria que Demócrito, de todos tão louvado, fosse vituperado precisamente por causa do filósofo que não seguiu senão a ele.

VII

"Na segunda parte da filosofia, a parte que é a arte de investigar e discutir a verdade e a que chamamos lógica, parece-me o teu mestre inteiramente inerme e nu. Desterra as definições, não ensina nada da divisão, nem do modo de concluir um raciocínio, nem do modo de resolver os argumentos capciosos e distinguir as ambigüidades. Faz residir nos sentidos o critério das coisas, e, se alguma vez se dá o falso pelo verdadeiro, crê que com isto desaparece toda e qualquer nota distintiva entre o verdadeiro e o falso. Na terceira parte, que trata da vida e dos costumes, ao determinar o seu fim próprio, não atribui nenhuma importância ao generoso nem ao magnânimo. A maior prova de que tal não importa seriam os impulsos com que, segundo ele, nos leva a natureza a buscar o deleite e fugir da dor. A esta origem refere todas as nossas simpatias e repulsas. E, conquanto essa opinião seja de Aristipo[14] e melhor e mais livremente a tenham defendido os

....
14. Aristipo de Cirene, filósofo grego (séc. V a.C.), discípulo de Sócrates e chefe da escola cirenaica.

cirenaicos[15], nenhuma me parece mais indigna do homem. Para maiores coisas nos engendrou e formou a natureza. Pode ser que eu me equivoque, mas não creio que o primeiro que teve o nome de Torquato, precisamente por ter arrebatado o colar do seu inimigo[16], o tenha feito para gozar algum deleite corporal, nem que tal tenha sido o motivo que o levou, no seu terceiro consulado, a combater os latinos junto ao rio Vésere[17]. Creio antes que, ao partir com a segure a cabeça do filho, se privava de muitos deleites, e antepunha à natureza e ao amor paterno a majestade da República e do Império. E Lúcio Torquato, o que foi cônsul com Cneu Otávio, quando, usando de severidade para com o filho que ele emancipara para ser adotado por Décio Silano e que era acusado pelos legados macedônicos de ter recebido dinheiro como pretor na sua província, avocou ao seu tribunal a causa e, ouvidas ambas as partes, declarou que não se tinha portado no Império como os seus antepassados, proibindo-lhe, ademais, que tornasse a vir à sua presença – parece-te que buscava então algum deleite? E, omitindo por ora os perigos, trabalhos e dores que os varões mais excelentes suportam pela pátria e pelos seus, sem nenhuma espécie de deleite, antes, pelo contrário, desprezando-os a todos, e preferindo sofrer quaisquer dores a abandonar nem sequer minimamente o seu dever, falemos de coisas que parecem mais leves, mas que com não menos clareza expressam o mesmo. Diz-me, Torquato, que aproveita ao teu amigo Triário o co-

....

15. Os sectários do cirenaísmo, a doutrina formulada por Aristipo de Cirene, que considera a busca imediata do deleite sensível ou sensual o fim último da condição humana.

16. Torquato (Tito Mânlio) adquiriu o seu sobrenome, como relata Cícero, por ter arrebatado o colar (em lat. *torquatus*) de um gaulês a quem vencera em singular combate. O mesmo sobrenome foi conservado pelos seus descendentes.

17. Rio da Campânia que corre junto ao Vesúvio.

nhecimento das letras e da história e o ler e reler os poetas para memorizar tanto número de versos? E não me digas que estes são os seus deleites, como aqueles eram os de Torquato. Nunca defende isso Epicuro, nem o defendes tu, nem nenhum dos que o entendem ou aprenderam. E, quando se pergunta por que há tantos epicuristas, alegam-se muitas outras coisas; mas o que principalmente atrai a multidão é que, segundo Epicuro, o reto e honesto basta, por si só, para causar alegria e deleite. Não entendem tais sábios homens que toda essa doutrina se transtornaria se assim se passassem as coisas. Se se concedesse que todas as coisas honestas, ainda que não se refiram ao corpo, são por si mesmas e espontaneamente agradáveis, seria apetecível por si mesma a virtude e o conhecimento, o que de modo algum o teu mestre quis conceder. Não aprovo, dir-me-ás, este parecer de Epicuro. De minha parte, ademais, eu teria querido que o próprio Epicuro tivesse sido mais instruído naquelas doutrinas que chamamos eruditas (o que tu mesmo concederás), ou que ao menos não tivesse afastado outros do seu estudo, conquanto a ti não lhe tenha sido possível afastar-te dele."

VIII

Tendo eu dito isto mais para provocar Torquato que por crê-lo, disse Triário, sorrindo levemente:
– Tu desterras absolutamente Epicuro da família dos filósofos. Que lhe deixas além da faculdade de expressar-se com clareza, conquanto sem elegância? Na física diz coisas que são alheias, e que tu mesmo não aprovas. O que quis corrigir, pô-lo a perder. Arte de discorrer não teve nenhuma. Disse que o deleite é o sumo bem, e, além de ser isto um erro, tampouco é próprio, porque antes já o dissera Aristipo, e melhor que ele. Acrescentaste, por fim, que foi indouto.

— De modo algum é possível, Triário, que eu deixe de dizer as coisas de que dissinto de um filósofo cuja doutrina não sigo. Quem me impediria ser epicurista, se me parecesse bom o que diz ele, especialmente por ser brincadeira de criança aprender-lhe a filosofia? Por isto, aliás, é que não se há de vituperar os que o censuram e acusam. São as maldições, as afrontas, as disputas iracundas e obstinadas que me parecem indignas de um filósofo.

— Concordo com o teu parecer — disse Torquato. — Não se pode, por um lado, disputar sem censurar, nem, por outro, disputar bem com ira e obstinação. Mas a tudo isso que tu disseste eu responderia facilmente, se não te fosse incômodo.

— E julgas tu que o teria dito se não quisesses escutar-te?

— Queres que percorramos todo o sistema de Epicuro, ou que tratemos tão-só do deleite, no qual se funda a disputa?

— Deixo-o a teu arbítrio.

— Explicarei uma só coisa e de grande importância. De física falaremos outro dia, e então te provarei a declinação dos átomos e a magnitude do Sol, e te demonstrarei os erros de Demócrito, censurados e corrigidos por Epicuro. Agora falarei do deleite, e, ainda que não diga nada de novo, espero porém convencer-te.

— Certamente não serei obstinado, e, se me provares o que dizes, pôr-me-ei de acordo com muito gosto.

— Provar-to-ei, se me julgares com a eqüidade que agora mostras; mas prefiro seguir com um raciocínio ininterrupto, sem interrogar nem ser interrogado.

— Assim me apraz, disse-lhe.

E começou ele a falar desta maneira:

IX

— Iniciarei como quer que sempre se inicie o pai desta doutrina. Estabelecerei a essência e qualidades da coisa que buscamos, não porque julgue que vós a ignorais, mas para proceder ordenadamente ao discurso. Perguntamos, pois, qual é o bem sumo e mais excelente, o qual, segundo o parecer de todos os filósofos, há de ser tal, que a ele tudo se refira e ele não possa referir-se a nenhuma outra coisa. Epicuro faz consistir o sumo bem no deleite, e o sumo mal na dor, e tenta prová-lo assim: todo e qualquer animal, assim que nasce, apetece o deleite, desfrutando-o como ao bem sumo, e quanto possível afasta de si a dor; e o faz quando não está ainda depravado ou corrompido, sendo a sua própria natureza quem julga íntegra e incorruptamente. E nega por isso Epicuro que seja obra da razão e da inteligência buscar o deleite e fugir da dor. Crê, em verdade, que nada disto propriamente se julga, mas antes se sente, como se sente o calor do fogo, a brancura da neve, a doçura do mel, coisas que jamais se hão de confirmar com razões admiráveis, bastando antes simplesmente enunciá-las. Porque há diferença entre um argumento e conclusão de razão e uma mediana percepção: nesta o argumento está oculto e como que envolto; naqueles, descoberto e claro. E, assim como, tirados aos homens os sentidos, nada lhes restaria, é necessário que a natureza mesma julgue o que é natural ou antinatural. E que razão percebe a natureza para buscar alguma coisa ou fugir dela senão o mesmo deleite e a mesma dor? Alguns dos nossos querem sutilizar mais, e negam que bastam os sentidos para distinguir o bem e o mal, atribuindo esta distinção antes à razão, afirmando porém que, sim, se busca o deleite e se foge da dor por si mesmos. E acrescentam que há no nosso espírito uma noção natural e primitiva que nos ensina a apetecer um e rejeitar o outro. Mas outros, com cujo parecer estou de acordo, vendo que muitos filósofos sustentam que o deleite não deve ser contado entre os bens, nem a dor entre os males, crêem que não devemos confiar tanto na excelência da nossa causa, mas sim argumentar e disputar com razões sutilíssimas sobre o deleite e a dor.

X

"E, para que compreendais de onde proveio o erro dos que acusam o deleite e louvam a dor, explicar-vos-ei desde o princípio o que o mesmo inventor da verdade de que tratamos e, por assim dizer, arquiteto da vida feliz nos deixou escrito. Ninguém despreza, odeia ou evita o deleite porque seja deleite, mas sim pelas grandes dores que advêm aos que buscam irracionalmente o deleite. Tampouco há ninguém que ame, siga ou queira alcançar a dor pela dor, mas sim porque, às vezes, a poder de trabalho e de dor, se alcança grande deleite. E, falando de coisas menores, quem dentre nós jamais empreendeu algum exercício laborioso do corpo sem esperar obter dele algum benefício? Quem poderá censurar aquele que busque um deleite que não esteja mesclado com nenhum sofrimento, ou aquele que fuja daquela espécie de dor que não engendra nenhum deleite? Nós censuramos e temos por muito dignos de desprezo aqueles que, corrompidos pelo afago do deleite presente e cegos pela cobiça, não vêem as dores e as perturbações que vão padecer – e em tal falta incorrem os que abandonam o seu dever por frouxidão de ânimo, fugindo aos trabalhos e dores. Fácil e breve é a declaração destas coisas, porque, com efeito, em tempo livre, quando temos a habitual liberdade de escolha, e quando nada nos impede fazer o que mais nos agrada, sempre buscamos um deleite qualquer e fugimos de toda e qualquer dor. Em algumas ocasiões, farão os nossos deveres, ou a necessidade das coisas, com que rejeitemos os deleites e não os sofrimentos. Mas sempre terá o sábio esta regra: se abandona os deleites, será para conseguir outros, maiores; se sofre as dores, será para livrar-se de outras, mais duras. Seguindo eu este parecer, por que recearia não poder acomodar a ele o exemplo doméstico dos nossos Torquatos, que tu há pouco nos recordavas com tanta benevolência e boa amizade? Nem conseguiste convencer-me louvando os nossos antepassados, nem me tornaste impossível a resposta. Como interpretas aqueles fatos? – pergunto-te. Crês que aqueles homens se lançaram a enfrentar inimigos fortemente armados, ou que foram tão cruéis com os filhos, sem pensar nem minimamente na utilidade ou no deleite que lhes podia resultar disso? Nem sequer as feras o fazem; nem sequer elas acometem de tal modo que não saibamos a que se dirigem os seus movimentos e ímpetos. Crês tu que aqueles tão ilustres varões empreenderam tão grandes façanhas sem motivo? Qual foi esse motivo, já o examinarei; agora me basta dizer que, se por algum motivo empreenderam tais feitos, que sem dúvida são ilustres e magníficos, a coragem por si só não o terá sido. Se tirou o colar do inimigo, foi porque, tendo a possibilidade de vencê-lo, e vencendo-o de fato, se livraria de perecer. Se se expôs a grande perigo, foi porque tinha o exército diante dos olhos. Que conseguiu então? Glória e amor, que são as mais firmes defesas para viver a vida sem temor. Se condenou à morte o filho e o fez sem motivo, não me teria eu por honrado por descender de homem tão duro e cruel. Mas, se o fez para confirmar com a sua própria dor o império da disciplina militar e conter o exército mediante saudável terror numa guerra gravíssima, fez bem em zelar pela saúde dos seus concidadãos, na qual entendia que se incluía a sua. Esta razão se aplica a todos os casos semelhantes. Como vós costumais triunfar (sobretudo tu, que te dedicas à busca das coisas antigas) recordando os fortes e ilustres homens, e louvar as façanhas que empreenderam não por qualquer utilidade, mas por amor à mesma honestidade, todo este vosso argumento rui ao estabelecer-se a distinção que fizemos, segundo a qual os deleites não se abandonam senão por outro deleite, maior, e as dores não se suportam senão pela esperança de livrar-se de outras, também maiores.

XI

"Acerca dos feitos ilustres e gloriosos, todavia, basta já o que dissemos. Já haverá oportunidade de discorrermos sobre o modo como todas as virtudes tendem ao deleite. Agora vou dizer o que é o deleite mesmo, para afastar o erro dos ignorantes, e fazer entender quão séria, continente e severa é esta escola que se tem por voluptuosa, delicada e frouxa. E não entendemos por deleite somente aquele que com certa suavidade comove a natureza, e que se percebe com certo agrado, isento de dor. Porque a própria privação da dor e do desgosto é já um deleite e deve chamar-se assim, da mesma maneira que chamamos dor a tudo o que nos ofende. Quando a fome e a sede desaparecem com a comida e a bebida, a mesma cessação do sofrimento é já um princípio de deleite, e assim, em toda e qualquer situação, a indolência[18] constitui um deleite continuado. Por isso não admitiu Epicuro que houvesse meio-termo entre a dor e o deleite. O que a alguns parece meio-termo, ou seja, o carecer de toda e qualquer dor, não só é já deleite, mas deleite sumo. Todo aquele que sente, como quer que sinta, sente necessariamente ou deleite ou dor. Epicuro julga que na privação de toda e qualquer dor reside a suma felicidade, a qual depois pode variar e distinguir-se, mas não aumentar nem ampliar-se. Meu pai, que costumava escarnecer discreta e urbanamente dos estóicos, contava-me que há em Atenas, no Cerâmico, uma estátua de Crisipo sentado e com a mão estendida, a qual mão significa que se dirige a si mesmo esta questão: 'Que deseja a tua mão tal qual se encontra agora? Nada, certamente. Mas, se o deleite fosse um bem, desejá-lo-ia? Sim, creio-o. Logo o deleite não é um bem.' Acrescentava meu pai que nem a estátua mesma diria isto, se pudesse falar. A conclusão muito aguda que os

....
18. Indolência: ausência de dor.

estóicos lançam contra os cirenaicos nada vale contra Epicuro. Se o deleite é somente o que faz, digamos, titilar os sentidos, e aflui e desliza com suavidade para eles, nem sequer a mão pode estar contente por carecer de dor sem que ao mesmo tempo sinta algum agradável movimento de deleite. Se todavia o supremo deleite é, como pareceu a Epicuro, não sentir dor alguma, com razão te concedemos, ó Crisipo, que a mão não deseja nada quando se encontra desse modo, mas não te podemos conceder que, se o deleite é um bem, a mão não o desejasse. Não o deseja porque, como carece de dor, conseguiu já o deleite.

XII

"Facilmente se pode compreender que o deleite é o sumo bem. Imaginemos um homem que desfruta de muitos, perfeitos e grandes deleites de alma e de corpo, sem que nenhuma dor o estorve nem ameace – que estado mais apetecível que o deste homem poderemos imaginar? Nele haverá necessariamente firmeza de espírito, a firmeza que não teme a dor nem a morte, porque a morte carece de sentido; e a dor de longa duração costuma ser leve, e a de máxima gravidade breve, de modo que a sua intensidade se compensa com a sua brevidade, e por durar longo tempo como que se alivia. Acrescente-se a isto que tal espírito não teme o nume divino nem lamenta os deleites perdidos e passados, senão que com sua assídua recordação se alegra: que coisa há que possa acrescentar-se a esta ou que seja melhor que ela? Imagina, pelo contrário, um homem opresso por dores de alma e de corpo, as maiores que possam padecer a natureza humana, sem esperança de alívio nem deleite algum, nem presente nem futuro. E, se de uma vida cheia de dores se deve fugir, grande infelicidade é, certamente, viver com dor. E, por analogia, devemos afirmar que o maior dos bens é viver com deleite. Não tem a nossa mente nenhum outro ponto onde fixar-se, e todos os temores e pesadumes os refere à dor, e não há nenhuma outra coisa que por sua própria natureza possa solicitar ou angustiar. Ademais, o princípio do apetecer e do fugir e ainda o de executar todas as coisas nasce ou do deleite ou da dor. Donde se infere que todas as coisas retas e louváveis têm por fim último o viver placidamente. Sendo este o bem último e extremo que os gregos chamam *télos*, o qual não se refere a nenhuma outra coisa, referindo-se antes a ele todas as outras, temos de confessar que o sumo bem é viver agradavelmente.

XIII

"Os que fazem consistir o sumo bem na virtude, e que ofuscados pelo esplendor do nome não entendem o que pede a natureza, livrar-se-iam de um grande erro se quisessem escutar Epicuro. Se as vossas ilustres e excelentes virtudes não produzissem o deleite, quem as teria por louváveis ou apetecíveis? Sim, porque, assim como amamos a arte dos médicos não por causa desta própria arte, mas pela saúde; e a arte do piloto não por causa desta arte mesma, mas pela sua utilidade para a navegação; assim a sabedoria, que é uma arte de viver, não seria apetecida se nada produzisse, mas o é, com efeito, porque serve de meio para alcançar o deleite. Já entendereis de que deleite falo, para que o odioso da palavra não diminua a força da minha argumentação. Pois, como a vida adoece de ignorância do bem e do mal e por este erro se vê privada de grandes deleites e atormentada por gravíssimas dores de alma, é necessário que a sabedoria, desterrando o erro, e a cobiça, e a temeridade de toda e qualquer opinião falsa, se nos apresente como guia seguríssima para a vida feliz. A sabedoria é a única que afugenta a tristeza do nosso espírito, e que não nos permite render-nos ao medo.

Com os seus preceitos podemos viver em tranqüilidade, extinguindo o ardor de todas as concupiscências. Insaciáveis são os desejos, os quais destruíram não só muitos homens, mas famílias inteiras, pondo às vezes em risco de perder-se a própria República. Dos desejos nascem os ódios, as discórdias, as sedições e as guerras. E não só se lhes fazem sentir os efeitos no exterior, levando a que os homens arremetam com cego ímpeto contra os demais, mas, encerradas no interior de cada espírito, põem-se discordes entre si, resultando disto, necessariamente, uma vida amarguíssima, pois só o sábio que expulsa e elimina todo e qualquer erro e vaidade pode viver feliz dentro dos limites da sua natureza, sem dor nem temor. Que divisão mais útil e mais conforme à vida que a feita por Epicuro, que põe numa primeira espécie os desejos que são naturais e necessários; numa segunda os que são naturais mas não necessários; e numa terceira os que não são naturais nem necessários? E a razão disso é que os desejos necessários não requerem muito trabalho nem muito gasto para satisfazer-se. Nem os desejos naturais requerem muito, porque a própria natureza pode dispor facilmente das riquezas com que se satisfaz. Aos desejos vãos, no entanto, não se lhes pode encontrar moderação nem término.

XIV

"E se vemos que o erro e a ignorância perturbam toda a vida humana, e que a sabedoria é a única que nos livra do ímpeto da lascívia e dos terrores vãos, e nos ensina a levar com moderação as injúrias da fortuna[19], e nos mostra todos os caminhos que conduzem à tranqüilidade e à paz, por que havemos de hesitar em dizer que se deve apetecer a sabedo-

---

19. "Fortuna" está sempre usado aqui com o sentido de sorte, fado, acaso.

ria pelo deleite que proporciona, e que se deve fugir da ignorância pelo incômodo que causa? E, pela mesma razão, tampouco havemos de dizer que a temperança há de ser apetecida por si mesma, mas sim porque dá paz à alma e nela instala plácida concórdia. A temperança é a virtude que nos impele a seguir a razão, a apetecer uma coisa ou fugir dela. Não basta julgar o que se deve fazer ou deixar de fazer, mas há que permanecer firme e constante no que se julgou. Muitos que não podem manter-se fiéis ao que se determinaram, vencidos que estão e debilitados por uma sombra de deleite, se entregam ao domínio da lascívia e não prevêem o futuro; e assim, por causa de um deleite pequeno e não necessário, o qual poderiam obter de outra maneira, ou do qual poderiam carecer sem dor, são tomados por doenças graves, ou se tornam vítimas de danos e desonras, ou ficam sujeitos às penas do julgamento e das leis. Mas os que querem gozar dos deleites de modo que deles não redunde nenhuma dor, e os que retêm o seu juízo para não deixar-se vencer pelo deleite e não fazer o que sabem que não se deve fazer, estes obtêm um grande deleite ao deixar outro, menor; e às vezes padecem alguma dor, para não ter de sofrer outra, mais grave. Daí se infere que não se deve fugir da intemperança em si mesma, nem se deve apetecer a temperança porque foge do deleite, mas sim porque proporciona outro deleite, maior.

XV

"Digo o mesmo da fortaleza. O sofrer trabalhos e dores não é algo que atraia por si mesmo; e tampouco o é a paciência, ou a assiduidade, ou as vigílias, ou a própria indústria que tanto se pondera, as quais, porém, nos servem de meio para viver livres de temor e de cuidado, e para, quanto nos seja possível, livrar de perturbações o nosso espírito e corpo. Sim, porque, assim como o medo da morte perturba toda a quietude da vida, e assim como é algo miserável sucumbir à dor e padecê-la com espírito tacanho e tímido, tendo sido por essa fraqueza de espírito que muitos perderam os pais, muitos os amigos, e a maior parte a si mesmos, desgraçadamente, assim o espírito robusto e excelso está livre de todo e qualquer cuidado e angústia, porque despreza a morte, uma vez que os que já a padeceram estão na mesma situação que os que nunca nasceram, e está disposto a arrostar as dores, recordando que as maiores acabam com a morte, que as pequenas têm muitos intervalos de quietude, e que as medianas as podemos suportar; de maneira que, se são toleráveis, as sofreremos, e, se não o são, deixaremos resignadamente a vida quando nos aprouver, como quem deixa um teatro. Com isso se prova que nem a timidez e a frouxidão são vituperáveis nem a fortaleza e a paciência são dignas de louvor em si mesmas, senão que se rejeitam aquelas porque engendram a dor e se apetecem estas porque são causa de deleite.

XVI

"Resta a justiça, de que podemos dizer as mesmas coisas que das demais virtudes. Sim, porque, assim como provei que a sabedoria, a temperança e a fortaleza estão de tal modo entrelaçadas que não se podem separar, assim também se deve pensar da justiça, que não só nunca lastima a ninguém, mas, ao contrário, pela sua força e natureza sempre alimenta os espíritos com algo que os tranqüilize, especialmente a esperança de que não há de faltar nenhuma das coisas que uma natureza não-corrompida deseja. Assim como a temeridade, a lascívia e a covardia atormentam sempre o espírito, mantendo-o turbulento e apreensivo, assim também a injustiça, se algo maquina ainda que seja ocultamente, não espera que o seu crime permaneça sempre oculto. Às ações dos malvados se segue primeiro a suspeita, em seguida a voz da fama, depois o acusador e o juiz: muitos se delatam a si mesmos, como sucedeu no teu consulado. E os que se julgam bastante defendidos e fortificados contra a consciência dos homens são tomados, todavia, pelo temor dos deuses, e crêem que as angústias que lhes atormentam os dias e as noites são um suplício mandado pelos deuses imortais. Que deleite pode compensar tantas amarguras como as que a maldade causa à vida, quando contribui para aumentá-las, primeiro, a própria consciência e, depois, a pena das leis e o ódio dos concidadãos? Não obstante isso, em alguns homens não há moderação nem de dinheiro, nem de honras, nem de império, nem de luxúria, nem de gula, nem dos demais desejos e cobiças, os quais nenhuma presa, ainda que injustamente arrebatada, diminui, mas antes aumenta e inflama, de modo que parecem eles mais dignos de censura que de correção. A verdadeira razão, portanto, convida as mentes sãs à justiça, à eqüidade e à boa-fé; e ao homem, fraco e impotente como é, não lhe aproveita a injustiça, porque não pode conseguir facilmente o que deseja nem retê-lo se o consegue; e os recursos da riqueza e do talento convêm mais à liberalidade, mediante a qual se consolida a benevolência, que é tão necessária para viver bem, especialmente se não há nenhuma causa para cometer faltas. Os desejos que procedem da natureza satisfazem-se facilmente sem injúria a ninguém; e com os desejos que são vãos não se deve condescender, porque nada verdadeiramente apetecível desejam, e porque há mais perda na mesma injustiça que ganho nas coisas que com injustiça se adquirem. E assim ninguém dirá, para falar com propriedade, que a justiça é coisa apetecível em si mesma, mas sim porque causa o deleite de ser amado e querido e, ademais, porque torna a vida mais segura e o deleite mais completo. E, assim, devemos evitar a injustiça não só pelas calamidades que se lhe seguem, mas sobretudo porque, ao assentar-se no espírito de alguém, não o deixa respirar nem lhe dá trégua ou sossego. Se, pois, o louvor das mesmas virtudes, no qual tanto se compraz o raciocínio dos filósofos, não pode encontrar finalidade se não se endereça ao deleite, sendo o deleite, em verdade, a única coisa que os chama e pela sua própria natureza os atrai, não se pode duvidar que é ele o sumo bem, e que viver com felicidade não é outra coisa senão viver com deleite.

XVII

"Explicarei em poucas palavras tudo o que implica este parecer verdadeiro e seguro. Não há erro algum no sumo bem nem no sumo mal, ou seja, no deleite nem na dor, mas erram quanto a isto os que lhes ignoram a origem. Confessamos que os deleites e as dores da alma nascem dos deleites e das dores do corpo. E, assim, concedo o que antes dizias, que alguns de nós os consideram de outra maneira. Sei que são muitos, mas são ignorantes. Sim, porque, conquanto o deleite da alma nos cause alegria e a dor da alma amargura, um e outro, todavia, nascem do corpo, e nem por esta razão deixam de ser muito maiores os deleites e as dores da alma que os deleites e as dores do corpo. Com o corpo não podemos sentir senão o presente, mas com a alma também o passado e o futuro. Parece que até a dor do corpo aumenta quando imaginamos que nos ameaça algum mal eterno e infinito. E o mesmo é lícito dizer do deleite, que nunca é maior que quando não há tais temores. Claro está que um grande deleite e uma grande dor da alma contribuem mais para tornar a vida feliz ou miserável do que o fazem as dores corporais. Não é verdade que, terminado o deleite, se siga imediatamente a amargura, a não ser que ao deleite venha a substituir a dor; ao contrário, a indolência é já um gozo, ainda que não a acompanhe nenhum deleite dos que se beneficiam os sentidos; e assim podemos entender quanto deleite a indolência implica. E, assim como nos alentam os bens que esperamos, assim nos alegram os que recordamos. Aos néscios atormenta-os a memória dos males; aos sábios deleita-os o bem passado e renovado em grata recordação. É condição nossa que sepultemos a adversidade em perpétuo esquecimento, e que nos lembremos doce e agradavelmente dos acontecimentos prósperos. Quando porém nos detemos a considerar o que nos sucedeu, nasce em nós a dor se os acontecimentos tiverem sido maus, e a alegria se tiverem sido bons.

XVIII

"Ó excelente, e aberto, e simples, e reto caminho para viver felizmente! Se nada de melhor pode haver para o homem que carecer de toda e qualquer dor e desgosto e desfrutar grandes deleites de alma e de corpo, podes perceber que não se esquece nada do que é capaz de contribuir para o alívio da vida ou para levar-nos ao sumo bem apetecido. Epicuro, de quem dizeis vós que foi tão dado aos deleites, clama que não se pode viver agradavelmente se não se vive conforme à sabedoria, honradez e justiça, mas que, vivendo assim, não se pode senão ser feliz. Se uma cidade em sedição não pode ser feliz, assim como tampouco o pode uma casa cujos donos estejam em discórdia, do mesmo modo o espírito em discórdia consigo mesmo não pode desfrutar nenhum deleite verdadeiro e livre; antes, debatendo-se sempre entre afãs e resoluções contrárias, não poderá chegar nunca a nenhuma tranqüilidade e quietude. E, se as graves doenças do corpo são um obstáculo para a vida feliz, quanto mais não hão de sê-lo as do espírito? Chamo doenças do espírito as imensas e vãs cobiças de riquezas, de glórias, de dominação e de deleites licenciosos. Agreguem-se a isso os sofrimentos, as amarguras, os desgostos que oprimem e consomem o espírito, porque no homem não-inteligente não há dor espiritual que se possa separar de uma dor presente ou futura do corpo. E não há nenhum néscio a quem não acossem tais males. Não há, portanto, nenhum que não seja infeliz. E acresça-se a isso a morte, que nos ameaça sempre como a rocha prestes a cair sobre Tântalo, e a superstição, que a quem dela esteja imbuído não permite sossegar um só momento. Ademais, esses homens não se recordam dos bens passados; não gozam dos presentes; só esperam os futuros; e, como estes bens não podem ser certos, eles consomem-se entre angústias e temores, e atormentam-se ainda mais quando chegam a ver, ainda que tarde, que ansiaram em vão as riquezas, o mando ou a glória. E assim não alcançam nenhum dos deleites cuja esperança os impelia a padecer muitos e grandes trabalhos. Outros há tão mesquinhos e estreitos, ou que sempre desesperam de tudo, malévolos, invejosos, difíceis, inimigos da luz, maledicentes, monstruosos; outros são dados às ligeirezas amatórias; outros são petulantes, temerários, protervos, e ao mesmo tempo intemperantes e covardes, além de nunca persistirem num mesmo parecer, razão por que não há na sua vida nenhum intervalo entre os dissabores. Por conseguinte, nenhum dos néscios é feliz, e nenhum dos sábios deixa de sê-lo – e isto os nossos o compreendem muito melhor que os estóicos. Estes negam que o bem seja mais que aquela sombra sua a que eles mesmos chamam honesto, com nome tão sólido quão esplêndido, e supõem que a verdade fundada nessa honestidade não requer nenhum deleite, e que para a felicidade da vida a mera virtude é suficiente.

XIX

"Eles podem perfeitamente defender semelhante doutrina, sem que nós o repugnemos, mas antes até o aprovemos. Assim, Epicuro ao sábio sempre o chama feliz, porque tem limitados os desejos, despreza a morte, e sente a verdade a respeito dos deuses imortais, sem temor nenhum de emigrar desta vida. Com tais cuidados vive sempre deleitosamente, e não há tempo algum em que não tenha mais deleites que dores. Dos deleites passados recorda-se agradavelmente, e dos presentes goza, dando-se conta de quão grandes e agradáveis são, e não depende dos futuros, mas desfruta dos presentes; e, muito distante dos vícios que antes dizíamos, sente grande satisfação ao ver a vida dos néscios e compará-la à sua. As dores mesmas, se é que algumas o afetam, nunca têm tanta força que possam impedir ao sábio gozar e o levem a angustiar-se. Muito bem disse Epicuro que uma modesta sorte basta ao sábio, e que o seu entendimento e razão é a norma de muitas coisas sérias, e que não se pode usufruir maior deleite em toda a eternidade que o que se usufrui neste tempo que vemos ser finito. Mas julgou que a vossa dialética não encerra virtude alguma, nem para viver melhor nem para discorrer com mais acerto. À física deu grande importância. Porque, se é verdade que a dialética nos mostra a força das palavras e a razão das conseqüências e das negações, só porém conhecendo a natureza das coisas nos libertamos da superstição e do medo da morte, e não somos aterrorizados pela ignorância, engendradora de horrorosos fantasmas. E nunca agiremos mais retamente que quando aprendemos o que a natureza deseja. Se todavia chegamos, como de fato chegamos nós, ao conhecimento seguro das coisas, guardando aquele cânone ou regra que parece caída do céu para o conhecimento de todos e para dirigir todos os nossos juízos, não haverá raciocínio de quem quer que seja que nos faça renunciar ao nosso parecer. Se porém não se conhece a natureza das coisas, de modo algum se pode defender o critério dos sentidos. Mas é deles que procede tudo quanto a razão conhece. Só sendo verdadeiras todas as suas perfeições, como o ensina a escola de Epicuro, podemos conhecer e perceber o que seja. Os que negam o seu testemunho e até a possibilidade da sua perfeição destroem com os mesmos argumentos o que afirmam; e, além disso, desterrando o conhecimento e a ciência, eliminam toda a razão da vida e das ações humanas. Assim, aprende-se com os físicos a fortaleza contra o medo da morte, e a constância contra o medo da religião, e adquire-se a tranqüilidade de espírito vencendo a ignorância das razões ocultas, e a moderação com o conhecimento da natureza e das espécies do desejo; e, ademais, obtendo-se a regra do conhecimento e o critério que dela depende, aprende-se a distinguir o verdadeiro e o falso.

XX

"Falta-me somente tratar da amizade, que, segundo vós, não é possível existir se o deleite é o sumo bem. Epicuro, no entanto, ensina-nos que de todas as coisas que a sabedoria reuniu para que possamos viver felizes não há nenhuma maior, nem mais rica, nem mais fecunda que a amizade. E provou-o não só com a razão, mas muito mais com a vida, com os fatos e com os costumes. E perfeitamente o podemos comparar com os amigos de que se fala nas fábulas antigas, pois entre tantos e tão variados casos desde a mais remota antiguidade, a começar por Teseu e a terminar por Orestes[20], difícil será encontrares três iguais. Mas Epicuro, em uma só casa, e esta muito estreita, quantos amigos teve e quão unidos pelos laços do amor! E o mesmo fazem agora os epicuristas. Voltemos porém ao nosso assunto – não é necessário tratar de tudo. De diversas maneiras disputaram os nossos sobre a amizade. Negando embora uns que as satisfações dos nossos amigos devam ser apetecidas por si mesmas (o que

....

20. Teseu, herói grego, filho de Egeu e rei de Atenas, personagem semi-histórica e semilendária que combateu e matou o Minotauro, e que tinha por amigo Pirítoo, herói da Tessália, filho de Zeus e rei dos lápitas. – Orestes, filho de Agamêmnon, e que vingou a morte do pai matando a própria mãe, tinha por Pílades, esposo de Electra, uma amizade que ficou proverbial e que se retrata em *Orestes*, tragédia de Eurípides (408 a.C.).

por vezes lhes parece contrário à firmeza da amizade), defendem-se porém bastante bem, e a meu ver resolvem o argumento. Negam que a amizade e as virtudes possam separar-se do deleite. E, como a solidão e a vida sem amigos é cheia de espreitas e de medos, a própria razão convida a procurar amizades, com as quais se serena o ânimo e não se perde a esperança de deleites futuros. E, assim como o ódio e a inveja se opõem ao deleite, assim a amizade é não só protetora fidelíssima, mas também causadora de deleites, tanto para os amigos como para a própria pessoa, e deleites não só imediatos, mas futuros e esperados. E, como de nenhum modo podemos sem a amizade ter uma firme e perpétua serenidade de vida, nem podemos conservar a própria amizade se não amamos os amigos como a nós mesmos, sucede que a amizade não pode separar-se do deleite. Alegra-nos a prosperidade dos amigos tanto como a nossa, e do mesmo modo nos mortificam as suas dores. Por isso, o sábio terá pelo amigo o mesmo afeto que tem por si mesmo; e os trabalhos que arroste para obter alguma satisfação própria, não hesitará em arrostá-los também para proporcioná-la ao amigo. Em suma, tudo o que dissemos da virtude e da sua necessária vinculação ao deleite, também o devemos dizer da amizade. E por isso são tão admiráveis estas palavras de Epicuro: 'A ciência robusteceu o espírito para que ele não temesse nenhum mal sempiterno ou perdurável, vendo que neste espaço de vida é a amizade o mais seguro refúgio.' Há alguns epicuristas mais receosos dos vossos dictérios, ainda que não faltos de agudeza, que temem que, se a amizade for buscada pelo deleite, não haverá de restar vestígio de amizade no mundo. E por isso sustentam que os primeiros impulsos para uma amizade se dão tendo em vista o deleite, mas que, quando o trato produziu já a familiaridade, nasce então o amor, e os amigos passam a amar-se mutuamente por si mesmos, ainda que não extraiam utilidade alguma da amizade. Se amamos os lugares, os templos, as cidades, os ginásios, o campo, os cães, os cavalos, os jogos e a caça, quanto mais justo não será que se amem os homens uns aos outros? Não falta quem diga que há certo pacto entre os sábios para não amar os amigos menos que a si mesmos. Isso é possível e muitas vezes o vemos, e como quer que seja é claro que nada contribui tanto para o agradável da vida como tais relações de amizade. E de tudo isso se pode inferir não só que a razão da amizade subsiste ainda que se ponha o sumo bem no deleite, mas também que mal se pode conceber a amizade sem ele.

XXI

"Se tudo o que eu disse é mais claro que a luz do sol; se tudo se toma da fonte da natureza; se todo o nosso raciocínio se apóia no íntegro e incorrupto testemunho dos sentidos; se as crianças que ainda não falam, e até os mudos animais, clamam alto e bom som, sem outro guia e mestre além da mesma natureza, que nada senão o deleite é próspero, que nada é áspero senão a dor, não havemos de agradecer muitíssimo àquele que, dando ouvidos a esta voz da natureza e repetindo-a com firmeza e seriedade, conduziu todos os homens sãos de razão ao caminho da vida sossegada, serena e feliz? E, se ele te parece pouco erudito, é porque não julgou útil senão a erudição que pudesse aumentar a felicidade da vida. Haveria de perder tempo, como fazemos eu e Triário por conselho teu, em revolver os poetas, dos quais não se extrai nenhuma utilidade sólida e só um deleite pueril, ou teria devido, como Platão, ocupar o seu tempo com a música, a geometria, os números e os astros, ou seja, com artes que, nascidas de falsos princípios, não podem ser verdadeiras, e que, ainda que o fossem, não conteriam nada de útil para tornar a vida mais agradável nem melhor? Haveria de devotar-se a essas artes, abandonando a arte de viver, tão trabalhosa e todavia tão frutuosa? Não é que Epicuro seja indouto; é que o são os que crêem que até a mais extrema velhice podem entregar-se a aprender coisas que não é tolo aprender quando se é criança. Assim, pois, já expliquei todo o meu parecer, e, se o fiz, foi tão-somente para conhecer-te o julgamento. Até hoje nunca me concederas a possibilidade de fazê-lo livremente."

Livro segundo

I

Ambos me ficaram olhando, como dando a entender que estavam dispostos a escutar-me. E eu comecei assim:
— Antes de mais nada, rogo-vos não julgueis que, como filósofo, vos explicarei alguma escola, o que não aprovo nem sequer nos próprios filósofos. Quando fez coisa semelhante Sócrates, a quem com justiça podemos chamar o pai da filosofia? Tal era o costume dos chamados sofistas, dentre os quais foi Górgias Leontino o primeiro a propor em praça pública uma questão, pedindo a cada um que o interrogasse sobre o que desejasse saber. Empresa audaz, e quase me atreveria a dizer imprudente, se tal costume não se tivesse trasladado depois aos filósofos. Não obstante, tanto este como os demais sofistas foram alvo dos escárnios de Sócrates, como se pode ver nos Diálogos de Platão. Sócrates, por meio de perguntas, costumava ir descobrindo as opiniões daqueles a quem dissertava, e, baseado nas suas respostas, dizia o que lhe parecia. Não conservaram este costume os seus sucessores; Arcesilau[1], porém, restaurou-o, estabelecendo que os que quisessem escutá-lo não lhe perguntassem o seu pare-

---

1. Filósofo grego (316-241 a.C.), rival de Zenão e fundador da Nova Academia.

cer, senão que dissessem o seu próprio, que ele se encarregaria de defender o contrário. Entre os outros filósofos, aquele que pergunta algo se cala em seguida. E o mesmo já se dá na Academia. Quando o que quer escutar estabelece, por exemplo, esta proposição: "Parece-me que o deleite é o sumo bem", disputa-se em seguida contra ele um raciocínio, por onde se pode facilmente deduzir que nem todos os que dizem ter algum parecer estejam realmente convictos dele. Nós procedemos de modo mais simples. Torquato disse não só o que pensa, mas também por que o pensa. Eu, no entanto, conquanto me tenha deleitado muito com o seu raciocínio ininterrupto, considero mais cômodo insistir em cada uma das proposições e, entendendo o que cada um concede e o que nega, tirar a conclusão das coisas que se concedem e chegar ao término. Quando a oração se arrebata como uma torrente, arrastando tudo em seu curso, nada podes compreender, nada reter na memória, nem atalhar o curso rapidíssimo da oração. A primeira regra de toda e qualquer controvérsia racional é que os que disputam convenham entre si acerca de que matéria se tratará.

II

"Esta regra de Platão no *Fedro* aprovou-a Epicuro, reconhecendo que é necessária em qualquer disputa. Mas não viu o que disso forçosamente se deduz. Ele não queria que a coisa se definisse, e sem isto é impossível aos que duvidam chegar a convir na essência da coisa de que se trata. Buscamos o fim dos bens – e como o podemos buscar, se antes não determinamos o que é este mesmo fim e o que são estes mesmo bens? Sim, porque esta descoberta das coisas é o que se chama definição; e tu mesmo, sem pensá-lo, te valeste dela algumas vezes. Definias este bem sumo ou último dizendo que era o ponto a que se endereçam todas as coisas retamente feitas, mas que ele não se refere a nenhuma outra coisa. Muito bem o disseste. E talvez tivesses definido o mesmo bem, se houvesse sido necessário, dizendo-nos que é o apetecível pela sua própria natureza, ou o que aproveita, ou o que agrada, ou de qualquer outra maneira. Agora, se não te for molesto, já que não te desagrada totalmente o definir e o fazes quando queres, eu gostaria de que me definisses o que é o deleite, acerca do qual versa a questão presente."

– Como se alguém ignorasse o que é o deleite! Ou como se necessitasses de alguma definição para compreendê-lo melhor!

– Eu mesmo necessitaria dela, se não cresse que conheço bem o deleite e que tenho formada a respeito dele uma opinião clara e abrangente. Agora, contudo, digo-te que o próprio Epicuro o ignorava e que hesita nisto; e ele próprio, que tanto costumava inculcar-nos a necessidade de compreender o verdadeiro sentido das palavras, parece muitas vezes não entender o que significa o termo deleite.

III

A isto respondeu ele, rindo:

– Coisa singular seria que quem põe o deleite por finalidade das coisas apetecíveis e o considera o último e mais alto dos bens ignorasse o que é o deleite em si.

– Ou Epicuro – respondi eu – ignorava o que é o deleite, ou não o sabe nenhum dos mortais que hoje vivem.

– E por quê?

– Porque todos crêem que o deleite é aquilo que os sentidos recebem, e mediante o qual se põem em agradável movimento.

– Quer dizer, então, que Epicuro não teve notícia dessa espécie de deleites?

— Nem sempre a ignorou, e até às vezes a conheceu demasiadamente, uma vez que chegou a afirmar que não entendia por bem senão o que se obtém com a comida, com a bebida, com o deleite do ouvido e com o deleite da carne. Não é verdade que o disse?

— Como se eu me envergonhasse dessas coisas ou não pudesse mostrar em que sentido razoável o disse!

— Eu não duvido que o possas fazer facilmente, e não tens por que envergonhar-te de convir com um sábio, o único que, pelo que sei, ousou usurpar este nome. Porque não creio que Metrodoro tivesse tomado este nome antes, mas, vendo que Epicuro se fazia chamar o sábio, não quis recusar tão grande benefício. E, quanto àqueles antigos sete[2], não foram sábios por vontade própria, mas pelo sufrágio do povo. Demos porém por suposto, levando em consideração as palavras seguintes, que Epicuro entendia o que ora nos ocupa da mesma maneira que nós: ao movimento agradável que alegra os sentidos chamamos os latinos deleite.

— E que tens que objetar a isso?

— Dir-to-ei, e certamente mais para aprender eu que para reprovar a ti ou a Epicuro.

— Eu também teria mais gosto em aprender algo contigo que em contradizer-te.

— Lembras como define Jerônimo de Rodes o sumo bem, ao qual tudo deve referir-se?

— Lembro que a ele lhe parece que o sumo bem é a indolência. E lembras o que ele opina acerca do deleite? Nega que seja apetecível em si mesmo. Julga que uma coisa é o gozar, e que outra coisa é o carecer de dor. E é verdade que se equivoca muito, porque, como mostrei há pouco, o supremo deleite é a carência de toda e qualquer dor.

....

2. Os Sete Sábios, nome dado a sete filósofos e estadistas da antiga Grécia. Segundo a tradição, eram eles: Bias, Cleóbulo, Míson, Pítaco, Quílon, Sólon e Tales de Mileto.

— Depois examinaremos – disse eu – que valor tem isso; agora será preciso que me concedas, se é que não és demasiado obstinado, que uma coisa é o deleite e outra coisa é a indolência.

— Pois nisso me acharás demasiado obstinado, porque nada pode dizer-se de mais verdadeiro.

— Tem o sedento deleite em beber?

— Quem o pode negar?

— E é o mesmo o deleite que sente depois de saciada a sede?

— É de outra espécie, porque o deleite que se sente depois de saciada a sede é firme e estável, ao passo que o deleite de saciá-la depende do movimento.

— Por que dás o mesmo nome a coisas tão dessemelhantes?

— Não te lembras do que eu disse há pouco, que, quando não está presente nenhuma dor, varia mas não aumenta o deleite?

— Sim, lembro-me. Disseste-o em bom latim, mas com pouca clareza, porque a palavra variedade é latina e se aplica com propriedade às cores, mas também se estende, por translação, a coisas de espécie muito diferente, chamando-se, por exemplo, variado a um poema, variado a um raciocínio, variados aos costumes, variada à fortuna. Também se costuma chamar variado ao deleite quando ele resulta de coisas muito dessemelhantes. Se chamas a isso variedade, entendê-lo-ei, como de fato já o entendo, ainda que não o venhas a dizer. Mas não sei a que variedade te referes quando dizes que o sumo deleite consiste na indolência. Também quando comemos aqueles alimentos que excitam docemente os sentidos, há neste movimento um deleite que varia, mas que, segundo vós, nada acresce ao antigo deleite, que consiste em carecer de dor. Em verdade, todavia, não sei por que chamas a isso deleite.

IV

— E pode haver — disse ele — algo mais agradável que carecer de dor?
— Conceder-te-ei que não haja nada melhor, uma vez que agora não busco investigá-lo. Crês, porém, por isso, que o deleite é a mesma coisa que a indolência?
— Sim, creio-o, e que a indolência é o maior e melhor deleite que se possa imaginar.
— Então, por que não fazes consistir o sumo bem na indolência e não defendes e sustentas somente isto? Para que é necessário levar o deleite para o concílio das virtudes, como uma meretriz ao coro das matronas? Odioso nome é esse, e sujeito a infâmia. Por isso costumas dizer, e muito amiúde, que nós não entendemos a que deleite se refere Epicuro. Quando alguém mo disse (e não deixaram de opor-me tal objeção), conquanto eu seja comedido na disputa, não deixei de irritar-me. Por que não haveria eu de entender o que quer dizer em grego o termo deleite? Por acaso ignoro o latim ou o grego? Por que não haveria eu de saber tudo o que sabem os que querem ser epicuristas? Não pretendem os vossos que aquele que há de ser filósofo absolutamente não necessita conhecer as letras? E, assim como os nossos antepassados tiraram do arado Cincinato[3] para torná-lo ditador, assim vós recolheis entre todos os pelasgos homens honrados, mas certamente não muito eruditos. Hão de entender eles o que diz Epicuro, e não o hei de entender eu? Para que saibas que o entendo, dir-te-ei em primeiro lugar que a palavra deleite equivale à grega *behdonehn*. Muitas vezes buscamos uma palavra latina que seja igual a uma grega, e que tenha aproximadamente o mesmo sentido, mas aqui não ti-

....
3. Romano célebre pela singeleza e austeridade dos seus costumes (séc. V a.C.). Foi duas vezes ditador, e amiúde se alude em literatura ao "arado" ou "charrua de Cincinato".

vemos de esfalfar-nos muito para encontrá-la. Não se pode encontrar nenhuma outra que expresse melhor em latim a força do termo grego. Todos os que a usam entendem por ela duas coisas: alegria na alma, e comoção suave no corpo. Mas a diferença reside em que os estóicos chamam também deleite a uma viciosa satisfação da alma que crê porém gozar de um grande bem, e tal satisfação não se chama alegria nem gozo do corpo. O deleite deste exige sempre algum movimento agradável dos sentidos; pelo menos, assim o entendem todos os que falam latim. Por translação, pode aplicar-se este movimento à alma, donde o verbo *jucare*, de que deriva *jucundum*[4], desde que, todavia, compreendamos que entre alguém que salta de alegria e alguém que está atormentado de dor há um meio-termo que consiste em não estar alegre nem angustiado; e, do mesmo modo, entre o que desfruta os apetecidos deleites do corpo e o que está atormentado por dores máximas, está o que carece de uma coisa e de outra.

V

"Parece-te que não entendo o significado das palavras, ou que necessitais ensinar-me a falar o grego ou o latim? E nota, ademais, que, se eu, sabendo o grego, não entendo o que Epicuro quer dizer, talvez a culpa seja dele, que fala de modo que não o possamos entender. O que se pode fazer de dois modos não-censuráveis: ou o fazes intencionalmente, como Heráclito, a quem chamaram *ho skoteinós*[5] porque falava muito obscuramente da natureza; ou é a obscuridade das coisas mesmas o que te torna ininteligível o discurso, como se dá no *Timeu* de Platão. Mas Epicuro podia, se quisesse, falar simples e claramente, porque não trata de coisas obscu-

....

4. *Jucare*: deleitar, alegrar; *jucundum*: deleitoso, agradável.
5. Ou seja, "o obscuro".

ras como os físicos, nem artificiosas como as matemáticas, mas de coisas claras e fáceis e conhecidas em todos os lugares. E, embora não negueis que nós entendamos o que é o deleite, negais que entendamos o que quer ele dizer. Donde se deduz que, conquanto nós entendamos o significado das palavras, ele porém fala ao seu modo e não ao nosso. Se entende, como Jerônimo, que o sumo bem consiste em viver sem mal nenhum, por que, então, prefere o termo deleite ao termo indolência? E, se crê que deve acrescentar-se aquele deleite que consiste no movimento e que ele distingue do deleite a que chama estabilidade, para que serve esta distinção, uma vez que não poderá persuadir ninguém que conheça a sua própria natureza e sentidos de que a indolência e o deleite são uma só e mesma coisa? Isso, amigo Torquato, é forçar o sentido das palavras e extirpar do nosso entendimento o significado das palavras que aprendemos. Quem não vê que na natureza humana há três estados: o primeiro o deleite, o segundo a dor, e o terceiro, por fim, este mesmo em que estamos agora? Creio que vós não sentis agora nem um deleite como o de quem se regala num banquete, nem uma dor como a de quem está sob tortura. Não vês que entre estes dois extremos há uma multidão de homens que não gozam nem padecem?"

– Não o vejo assim – respondeu. – Antes digo que todos os que carecem de dor estão no sumo deleite.

– Segundo esse modo de ver, sentirão o mesmo deleite aquele que, não tendo sede, serve vinho a outro e aquele que o bebe sedento?

VI

– Deixe de interrogar-me – replicou-me: – já desde o início eu receava os artifícios dialéticos.

– Parecer-te-á melhor, então, disputar retoricamente.

— Por acaso o raciocínio ininterrupto é próprio somente dos retóricos, e não também dos filósofos?

— O estóico Zenão[6], como antes Aristóteles, dividia todo o relativo ao discurso em duas partes: comparava a retórica à palma da mão, e a dialética ao punho; porque os retóricos falam com mais abundância, e os dialéticos com mais concisão. Farei pois a tua vontade, e falarei, se o puder, retoricamente, mas com a retórica dos filósofos, não com a nossa retórica forense, a qual, como se dirige ao povo, tem necessariamente de ser menos profunda e filosófica. Por desprezar Epicuro a dialética, a única ciência que ensina a conhecer o estado de uma questão, a bem julgá-la e a bem explaná-la, e por não querer ele que se faça nenhuma distinção entre a natureza das coisas de que fala, tropeça tanto no dizer e não consegue elucidar por nenhuma arte o que pretende ensinar. Dizeis que o sumo bem é o deleite – explicai-nos, portanto, o que é o deleite, porque de outra maneira não se pode entender o que se busca, e porque, se Epicuro o tivesse explicado, as suas dúvidas teriam sido menores. Sim, porque ou teria dado do deleite a mesma explicação que Aristipo, dizendo que é o que move suave e agradavelmente os sentidos, ou seja, isso mesmo que, se pudessem falar, também os animais chamariam deleite, ou, se quisesse falar mais ao seu modo que ao de "todos os dânaos e miceneus" e dos demais gregos citados neste verso[7], teria dado o nome de deleite tão-somente à indolência, desprezando a sentença de Aristipo; ou, se aprovasse uma e outra, juntaria a indolência ao deleite. Muitos e grandes filósofos admitiram esta dua-

----

6. Zenão de Cício, nascido nesta cidade da ilha de Chipre em fins do século IV a.C. e fundador do estoicismo.

7. Refere-se Cícero ao seguinte verso, de autor desconhecido: *"Omnes Danai atque Mycenenses, Attica pubes"*, ou seja, "todos os dânaos [gregos em geral, mas especialmente os habitantes do Peloponeso] e miceneus [os habitantes de Micenas], e a juventude ática [os 'demais gregos citados neste verso']."

lidade de bens: por exemplo, Aristóteles, que juntou o uso da virtude à prosperidade da vida perfeita. Califonte somou à honestidade o deleite; Diodoro[8] agregou à honestidade a indolência. O mesmo poderia ter feito Epicuro, harmonizando o parecer de Jerônimo com a antiga sentença de Aristipo. É verdade que eles divergem entre si, mas cada um assinala um só fim; e, como um e outro falam muito bem o grego, nem Aristipo, que chama sumo bem ao deleite, inclui entre os deleites a indolência, nem Jerônimo, para quem a felicidade consiste na indolência, se vale do nome de deleite para designar a mesma indolência, além de nem sequer contar o deleite entre as coisas apetecíveis.

VII

"São, portanto, duas coisas distintas, e não creias que se trate de uma questão de palavras. Uma coisa é estar sem dor, e outra é estar com deleite. Vós de duas coisas tão dessemelhantes não só tentais fazer um nome, o que seria mais tolerável, mas também uma só coisa, o que é absolutamente impossível. Uma vez que Epicuro aprova ambos os pareceres, deveria ter usado de um e de outro, como em verdade o faz, conquanto não os distinga por palavras. Louvando amiúde o deleite que todos designamos com o mesmo nome, ousa dizer que nem sequer suspeita que haja algum bem diverso do deleite tal qual o entende Aristipo, e precisamente diz isso onde não cessa de discorrer sobre o sumo bem. Não obstante, é outra coisa o que diz em certo livro composto de breves e gravíssimas sentenças, ao modo de oráculos de

....

8. Discípulo do peripatético Critolau. – Dizem-se *peripatéticos* (do gr. *peripatetikós*, "que gosta de passear", pelo lat. *peripateticu*) os discípulos ou seguidores de Aristóteles. Deriva o nome do fato de que Aristóteles tinha o hábito de ensinar caminhando pelos jardins do Liceu.

sabedoria, que tu, Torquato, certamente conheces – e, com efeito, quem de vós não aprendeu as *Máximas fundamentais* de Epicuro, que são sentenças brevemente enunciadas e úteis para a felicidade da vida? Pensa, portanto, e diz-me se traduzo bem esta sentença: 'Se as coisas que aos voluptuosos são ocasião de deleite os livrassem do medo dos deuses e do medo da morte e da dor, e satisfizessem completamente todos os seus desejos, não hesitaríamos em proclamá-los felizes, porque estariam cheios de deleites e não padeceriam nenhuma dor nem inquietude e, por conseguinte, nenhum mal.'"

A esta altura já não pôde conter-se Triário, e exclamou:

– Responde-me, Torquato, por favor: é verdade que Epicuro disse isso?

A mim me pareceu que ele já o sabia, mas que tinha vontade de que Torquato o confessasse; este, porém, não se perturbou, e respondeu cheio de confiança:

– É verdade que o diz com essas mesmas palavras, mas não entendeis o que quer dizer.

– Se pensa uma coisa e diz outra, nunca poderei entender o que pensa. E, assim, quando diz que não devemos censurar os voluptuosos se são sábios, diz um absurdo, e é como se dissesse que não devemos censurar os parricidas se ao mesmo tempo não são cobiçosos nem temem os deuses, nem a morte, nem a dor. Mas qual o objetivo de fazer alguma exceção entre os voluptuosos, ou de fingirem alguns que, vivendo de tal maneira, possam ser excluídos pelo sumo filósofo da condenação geral, desde que estejam livres do restante das faltas? Tu, epicurista, como podes ser tão indulgente com os voluptuosos, precisamente porque buscam todas as espécies de prazeres, tendo afirmado tu que o verdadeiro prazer consiste em carecer de dor? Não terás por muito supersticiosos os libertinos, uma vez que alguns deles ousam estender a mão aos pratos consagrados, nem crerás que temem muito a morte os que trazem sempre na boca estas palavras do *Hymnis*[9]: 'Bastam-me seis meses de vida: o sétimo cedo-o a Orco[10]', e que recebem do *narthecium*[11] de Epicuro aquele aforístico remédio: 'Se grave, breve; se longa, leve.' O que não sei é como pode quem seja voluptuoso moderar as suas volúpias.

VIII

"Que sentido tem, portanto, esta frase de Epicuro: 'Nada haveria que censurar os voluptuosos se fossem moderados nos seus desejos'? Isso é o mesmo que dizer: 'Eu não censuraria os luxuriosos se não fossem luxuriosos.' Aquele homem severíssimo não cria que a luxúria fosse censurável em si mesma. E, para dizer a verdade, Torquato, se o deleite é o sumo bem, tinha razão em não crê-lo. Não quero fingir para mim mesmo, como vós costumais fazer, acerca desses homens escravos dos seus apetites animalescos que vomitam na mesa para não cessar de comer do festim, e que dele não se retiram senão para tornar com a mesma ferocidade de estômago a fartar-se no dia seguinte; desses homens que nunca viram o sol pôr-se no ocidente nem raiar no oriente, e que se tornam miseráveis após consumir todo o seu patrimônio. A vida de homens dessa espécie, nenhum dos nossos a tem por feliz; mas imagina um homem limpo, elegante, com um excelente cozinheiro que lhe traz à mesa os mais saborosos regalos da pesca e da caça, que ele degusta com discrição, evitando as indigestões e a embriaguez; que bebe, como diz Lucílio, um vinho saboroso, de cujo aroma nem a mão nem o sifão nada tiraram; homem dado, em suma, a todas aquelas recreações sem as quais Epicuro não julga possível a felici-

---

9. Comédia de Menandro, traduzida por Cecílio.
10. Divindade infernal.
11. Vaso em que se guardavam medicamentos ou perfumes.

dade. Acrescentem-se a isso os belos e jovens escravos para servi-lo à mesa, a tapeçaria, a prataria, o bronze de Corinto, os suntuosos edifícios. Eu nunca acreditei que tal homem viva bem nem felizmente. Donde resulta não que o deleite não seja deleite, mas sim que o deleite não é o sumo bem. Lélio, que quando jovem fora discípulo do estóico Diógenes, e depois de Panécio, não foi chamado sábio porque não entendesse as delícias de uma mesa bem servida (já que a delicadeza do espírito não impede a do paladar), mas sim porque as estimava pouco. E não raro Lélio[12], o Sábio, prorrompia em clamores contra os glutões, como quando exclamou: 'Ó Galônio[13], ó golfo insondável, és um homem infeliz: na tua vida nunca jantaste bem.' Como estimava tão pouco o deleite, não dizia que Galônio nunca tivesse jantado fartamente, mas, precisamente porque jantara demasiado fartamente, negava que tivesse jantado bem. Com tal gravidade e severidade é que distinguia o deleite do bem. Donde resulta que, se todos os que jantam bem jantam agradavelmente, nem todos, porém, os que jantam agradavelmente jantam bem. Lélio jantava sempre bem. E por quê? Dir-to-á Lucílio: 'Tudo estava bem cozido e bem preparado.' Quais eram, todavia, os principais manjares? 'Conversas sábias.' E que extraía daí? Grande deleite. Porque sempre vinha à mesa para satisfazer com ânimo sereno as necessidades da natureza. Por isso tem razão Lélio em negar que Galônio tivesse jantado alguma vez bem, e tem razão em chamar-lhe miserável, porque não julgava bom o reto, nem o honesto, nem o frugal, mas tudo fazia torpe e detestavelmente, o que não faria se precisamente não considerasse o deleite como o sumo bem.

....

12. Caio Lélio, dito *Sapiens* (séc. II a.C.), amigo íntimo do Cipião Emiliano, o Segundo Africano. Era filho de outro Caio Lélio, romano célebre pela sua amizade com Cipião, o Africano.

13. Públio Galônio, famoso glutão (ver Horácio, *Sátiras*, II, 2).

IX

"Há que condenar, pois, a volúpia, e não só para seguir o reto, mas para que nos seja lícito falar como homens temperados. Podemos chamar ao deleite o sumo bem da vida, quando nem sequer o é no jantar? E por que distingue Epicuro três espécies de desejos, naturais e necessários, naturais e não-necessários, nem necessários nem naturais? Em primeiro lugar, essa divisão é deselegante, porque de duas espécies fez três, e isso não é dividir a coisa, mas rompê-la. Se dissesse que há duas espécies de desejos, os naturais e os vãos, e que os naturais se dividem em necessários e não-necessários, estaria dizendo uma verdade. Mas é vicioso numa divisão enumerar as partes juntamente com o todo. Não insistamos nisto; já sabemos que ele despreza a elegância no discurso e que fala confusamente. Tomemo-lo como é, desde que o seu parecer seja reto. E, no entanto, não me parece bem (conquanto o consinta) que um filósofo fale em moderar a concupiscência. Por acaso se pode moderar a volúpia? O que convém é arrancá-la pela raiz. Como havemos de chamar senão concupiscente àquele em quem arraiga a concupiscência? Não seria absurdo dizer de um homem que ele é avaro, mas comedidamente, e adúltero, mas moderadamente, e luxurioso da mesma maneira? Que filosofia é esta, que não busca acabar com a maldade, contentando-se com a mediania dos vícios? Nessa divisão aprovo a coisa mesma, mas tacho-a de grandemente imprecisa. Diga-se com correção desejos naturais, mas guarde-se o nome de concupiscência ou voluptuosidade para quando se trate de assinalar a causa e raiz da avareza, da intemperança e de todos os maiores vícios. Amiúde e com grande liberdade afirmou Epicuro essa doutrina, e por certo não o censuro, porque está bem num filósofo tão ilustre defender clara e resolutamente as suas opiniões. Mas, como por vezes parece inclinar-se com tanta veemência ao que todo o mundo chama deleite, chega a fazer suspeitar que, se não o detivesse o temor dos homens, nada haveria de tão torpe que ele não se abalançasse a fazer por causa do deleite. E, quando o poder da natureza o obrigava a envergonhar-se disso, recorria ao artifício de negar que se possa acrescentar o que seja ao deleite de quem careça de dor. Tal indolência, contudo, é um estado diferente do deleite. Não me importa o nome, dir-me-ás. Mas com o nome varia a coisa toda. Encontrarei muitos, incontáveis talvez, não tão extravagantes nem tão obstinados como vós, a quem persuadirei facilmente do que quero dizer. Se a ausência de dor é o deleite supremo, por que hesitaríamos em afirmar que a falta de deleite é a maior das dores? E, no entanto, não o afirma ninguém, porque o contrário da dor não é o deleite, mas a indolência.

X

"Mas, como não o crê, Epicuro pensa ser grande argumento dizer que, se se desterra certa espécie de deleites, não entende absolutamente o que é o bem. E estes deleites são os que se percebem pelo paladar e pelo ouvido, e também aqueles que não se podem nomear senão com vergonha. E não vê o severo e grave filósofo que tais bens, os únicos que ele reconhece, não são em verdade apetecíveis, porque, segundo a sua própria opinião, a única coisa que devemos desejar é carecer de dor. Estas sentenças são contraditórias entre si. Se tivesse aprendido a definir e dividir, se tivesse compreendido o valor das palavras, não teria incorrido nunca em tais confusões. Chama ele deleite ao que ninguém nunca chamou assim, e, ademais, ao que consiste no movimento, e de duas coisas faz uma só. E algumas vezes fala com tal severidade, que nos parece ouvir Marco Cúrio; e outras vezes louva de tal maneira os deleites, que chega a sugerir que fora deles não pode haver nada bom. A tais raciocínios já não deve responder o filósofo, mas o censor. Não reside o vício tão-somente nas palavras, mas também nos costumes. Ele não censura a luxúria, desde que esteja livre da cobiça e do medo. Em certos momentos parece convidar os discípulos a tornar-se filósofos, para tornar-se depois dissolutos. Nos primeiros dias de vida dos animais busca o princípio do sumo bem. Assim que nasce, o animal goza com o deleite, apetecendo-o como a algo bom, e despreza a dor, sentindo-a má. E sustenta Epicuro que os animais que ainda não estão depravados julgam retamente o mal e o bem. São palavras suas. E nelas – quantos erros! À criança que começa a balbuciar, que deleite lhe servirá de critério para julgar o bem e o mal? O deleite do repouso ou o do movimento? Com Epicuro temos de aprender todas essas maneiras de falar. Se é o deleite do repouso, concedemos que a natureza quer conservar-se. Mas, se é o do movimento, como dizeis vós, não haverá deleite torpe que se deva omitir, e já não será aquele supremo deleite que tu fazias consistir na indolência. Não obstante, não se socorreu Epicuro desse argumento das crianças e dos animais, que são para ele o espelho da natureza, para provar que a natureza nos ensina a buscar o deleite que consiste na indolência. Porque tal estado não tem força alguma para mover o apetite da alma. É nisto mesmo que erra também Jerônimo. E assim Epicuro, para demonstrar que a natureza apetece sempre o deleite, afirma que o deleite consiste no movimento e atrai para si as crianças e os animais, mas não se trata daquele deleite estável em que não há outra coisa senão a indolência. Como dizer, portanto, que a natureza é regida e governada por uma espécie de deleites, e depois fazer consistir o sumo bem em outra?

XI

"Para nada considero o juízo dos animais, porque, ainda que não sejam depravados, podem, todavia, ser perversos.

Assim como alguns báculos são retorcidos e encurvados por manufatura e outros pela sua mesma natureza, assim as feras se corrompem pela má disciplina, mas pela sua própria natureza. Tampouco a natureza da criança a move a apetecer o deleite, mas tão-somente a conservar-se íntegra e salva. Toda e qualquer criança, assim que nasce, já se ama a si mesma e a todas as suas próprias partes, tanto da alma como do corpo. Quando começa a conhecê-las e discerni-las, apetece o que convém à sua natureza, e rejeita o contrário. Se neste primeiro impulso natural há deleite ou não o há, pode disputar-se muito. Mas crer que nada há além do deleite, nem membros, nem sentidos, nem movimento de espírito, nem integridade do corpo, nem saúde, parece-me uma grande loucura. E parece-me necessário que deste princípio natural se deduza o critério dos bens e dos males. Assim pensou Pólemon[14], e antes dele Aristóteles. Nasceu então o parecer dos antigos acadêmicos e peripatéticos, que tinham por sumo bem viver conforme à natureza, ou seja, desfrutar mediante a virtude do que a natureza oferece. Califonte acrescentou à virtude o deleite; Diodoro, a indolência. Para Aristipo, o bem é simplesmente o deleite; para os estóicos, o viver conforme à natureza, ou seja, honesta e virtuosamente, o que interpretam assim: viver com inteligência diante das coisas que naturalmente sucedem, escolhendo as que são conformes à natureza, e rejeitando as contrárias. Assim, pois, são três os fins de que está ausente a honestidade: o primeiro, o de Aristipo ou Epicuro; o segundo, o de Jerônimo; o terceiro, o de Carnéades[15]. E três há em que se encontra a honestidade com

....

14. Pólemon de Atenas, filósofo ateniense que chegou a dirigir a Academia e que, com Crátetes e Crântor, alterou profundamente a orientação da escola de Platão.

15. Carnéades (Cirene, c. 219-Atenas, c. 129 a.C.), que nada escreveu, confiando todo o seu magistério à palavra oral, foi grande orador e fino dialético. Renovou a Academia céptica de Arcilau, ou Nova Academia, e fundou a filosofia chamada *probabilista*.

algum acréscimo: o de Pólemon, o de Califonte e o de Diodoro. Um parecer mais simples, cujo autor é Zenão, reduz o sumo bem ao decoro, ou seja, à honestidade. Quanto a Pírron[16], Aríston[17] e Erilo[18], há já muito tempo estão postos de lado. Os demais se propuseram que os fins conviessem com os princípios, fazendo consistir o sumo bem: Aristipo no prazer; Jerônimo na indolência; Carnéades em gozar dos princípios naturais.

XII

"Epicuro, porém, que tanto recomendara o deleite, se o entendia no mesmo sentido que Aristipo, deveria tê-lo considerado o sumo bem, como o seu mestre; e, se o entendia como Jerônimo, não deveria ter recomendado o deleite tal qual o entende Aristipo. E o dizer-nos que os próprios sentidos nos declaram que o deleite é um bem e a dor um mal é conceder aos sentidos mais do que nos permitem as leis, quando somos juízes de litígios privados: não podemos julgar senão o que pertence ao nosso juízo. E por isso costumam acrescentar muito inutilmente os juízes, ao pronunciar uma sentença: 'se isto compete ao meu juízo'. Como quer que seja, todavia, o certo é que aqui se trata de julgar conforme ao critério dos sentidos: doce ou amargo, macio ou áspero, próximo ou distante, parado ou movente, quadrado ou redondo. Mas que sentença haverá de pronunciar a razão? Escutada primeiro aquela ciência das coisas divinas e humanas que retamente se pode chamar sabedoria; acrescenta-

....
16. O filósofo grego (c. 365-c. 275 a.C.) que, negando a possibilidade de o homem chegar à verdade, fundou o chamado *cepticismo sistemático*.
17. Aríston de Quios (c. 270 a.C.), filósofo grego estóico com influências cínicas e chamado a Sereia por causa da sua eloqüência.
18. Filósofo cartaginês.

das, depois, as virtudes, que a razão quis que fossem senhoras de todas as coisas, e tu que sejam satélites e ministros do deleite; declararão todas, em uníssono, que o deleite não só não pode consistir no sumo bem que buscamos, mas nem sequer fazer depender dele a honestidade. O mesmo há de dizer-se da indolência. Rejeitemos também Carnéades. E tampouco se deve aprovar aquele parecer sobre o sumo bem segundo o qual este participa do deleite e da indolência, e é alheio à honestidade. Restam somente, portanto, dois pareceres dignos de consideração: ou a razão declarará que não é bom senão o honesto, e que não é mau senão o torpe, e que as demais coisas não são de ser apetecidas ou evitadas, mas sim de ser escolhidas ou não escolhidas; ou anteporá a tudo aquela espécie de bem que encontre mais adornado de honestidade, e mais enriquecido com os princípios da natureza e com a perfeição de toda e qualquer virtude. E isso ela o fará mais facilmente se observar que a controvérsia é em torno de coisas e não de palavras.

XIII

"Seguindo eu a sua autoridade, farei o mesmo e, quanto o possa, simplificarei as questões e afastarei da filosofia todos aqueles pareceres em que não se vê sombra de virtude. E em primeiro lugar o de Aristipo e todos os cirenaicos, que não recearam fazer consistir o sumo bem naquela espécie de deleite que com maior suavidade move os sentidos, sem dar nenhuma importância à indolência. Não viram que, assim como o cavalo nasceu para correr, o boi para arar e o cão para farejar, assim o homem, como diz Aristóteles, nasceu para duas coisas: entender e obrar, em tudo semelhante a um deus mortal. Eles, ao contrário, imaginaram que este divino animal nasce para a gula e para o deleite da procriação, como se fosse um animal torpe e lânguido, opinião que me parece de todo absurda. E por isto se deve censurar Aristipo, que qualifica não só de sumo bem, mas de único bem, o que todos chamamos deleite – o que é inqualificável. Vossos filósofos por certo hão de entendê-lo de outra maneira, mas o certo é que nem a figura do nosso corpo nem a excelência da nossa razão nos indicam que o homem nasça tão-somente para desfrutar os deleites. Tampouco devemos dar razão a Jerônimo, para quem o sumo bem, como vós o afirmais amiúde, não é senão a indolência. Sim, porque, se a dor é um mal, não pode bastar a ausência deste mal para a felicidade da vida. E, conquanto diga Ênio que goza de grandíssimo bem aquele que carece de mal, nós não fazemos consistir a vida feliz na ausência de mal, mas na consecução positiva, e não a buscamos no ócio, seja desfrutando como Aristipo, seja carecendo de dor, mas fazendo e considerando algo. O mesmo pode dizer-se contra o parecer de Carnéades, que ele defendeu não tanto porque o aprovasse quanto para contradizer os estóicos, contra os quais movia guerra. Pois os que agregam à virtude o deleite, que em comparação com a virtude vale tão pouco, ou a indolência, que, conquanto não seja um mal, tampouco é o sumo bem, fazem uma agregação nada provável, embora tampouco eu consiga entender perfeitamente por que fazem agregação tão parca e limitada. Sim, porque, como se tivessem de comprar o que acrescem à virtude, começam por agregar coisas de baixo preço, e as preferem ir enumerando de uma em uma a juntar ao deleite, de uma só vez, todas as que a natureza aprova. Aríston e Pírron, todavia, não lhe conferiram preço algum, chegando a dizer que entre a excelente saúde e a gravíssima doença não há diferença. Com razão deixamos já de disputar contra eles. Fazendo consistir tudo numa só virtude, e tirando-lhe a escolha dos meios e toda e qualquer origem e fundamento, acabaram por desterrar a mesma virtude que diziam abraçar. Erilo, referindo tudo à ciência, não admitiu senão um só bem, mas não o melhor nem o que pode governar a vida. Assim, pois, há muito tempo a sua opinião já caiu no esquecimento, e depois de Crisipo já não se disputou a respeito dela.

XIV

"Restais somente vós, porque com os acadêmicos a questão é incerta: eles como que nada afirmam e, convictos de que nada se pode esperar do conhecimento, não querem seguir senão o que lhes parece verossímil ou provável. Mas com Epicuro há mais dificuldade, uma vez que ele admite duas espécies de deleites, e que ele mesmo e seus amigos, e muitos filósofos mais tarde, defenderam vivamente este parecer; e não sei por que o povo os segue, dando-lhes muito poder, ainda que pouca autoridade. Se não o convencemos do contrário, toda e qualquer virtude, toda e qualquer glória, todo e qualquer verdadeiro louvor desaparece. E, assim, afastados todos os outros pareceres, resta somente não a disputa minha com Torquato, mas a da virtude com o deleite. E a esta questão não a despreza Crisipo, homem agudo e diligente, e que faz consistir nesta mesma comparação toda a dificuldade para falar do sumo bem. Eu espero, porém, destruir todos os vossos argumentos, se conseguir mostrar que há algo honesto que pela sua própria natureza seja apetecível. E depois, estabelecido isto com a brevidade que o tempo exige, examinarei todas as tuas razões, Torquato, se a memória não me faltar. Entendemos, portanto, por honesto o que é de natureza tal, que, à parte toda e qualquer utilidade, sem nenhum prêmio nem interesse, mereça por si mesmo ser louvado. O que seja isto, não o podemos entender tanto pela definição, ainda que, sim, um tanto, como pelo juízo comum de todos e pelos propósitos e feitos dos melhores, que fazem muitas coisas pela única razão de que convêm ou de que são retas e honestas, por mais que não lhes venham a trazer nenhum benefício. Em muitas coisas diferem os homens dos animais, mas sobretudo em ter recebido da natureza uma razão e entendimento agudo, vigoroso, sagaz, e que rapidamente e ao mesmo tempo trata de muitas coisas, considerando as causas e as conseqüências, e juntando o dividido, e unindo o futuro e o presente, até abraçar todo o quadro da vida. E a mesma razão torna cada homem inclinado aos outros homens, e dá-lhe conformidade de natureza, de língua e de costumes com eles, para que, começando pelo amor dos parentes e criados, siga adiante, e entre primeiro na sociedade dos concidadãos, e depois na de todos os mortais; e, como escreveu Platão a Arquitas, para que 'saiba que não nasceu para si só, mas para a pátria e para todos os seus'. E, como a mesma natureza deu ao homem a avidez de encontrar a verdade, o que se observa facilmente quando, livres de perturbações, queremos saber até o que se passa no céu, e amamos, guiados por tais princípios, todo o verdadeiro, ou seja, o fiel, o simples e o constante, e odiamos todo o vão, falso e enganoso, como a fraude, o perjuro, a malícia e a injúria. A própria razão tem em si algo de amplo e magnífico, mais conforme a governar que a sujeitar-se, e considera todas as coisas humanas não só suportáveis, mas também leves e de pouca duração: alteza e excelsitude que nada teme e a nada cede, sempre invicta. Sabidas estas três espécies de honestidade, segue-se a quarta, que resulta das outras três, e que compreende a ordem, a moderação e o belo. Por semelhança com a beleza e a proporção das formas, aplicam-se estes mesmos nomes à honestidade dos ditos e das ações. Uma alma nobre e excelsa foge da temeridade, e não se atreve a ofender ninguém com ditos ou ações protervas, e receia fazer ou dizer algo que pareça pouco viril.

XV

"Tens já, Torquato, completa e perfeita em todas as suas partes a forma da honestidade, que se encerra toda naquelas quatro virtudes já recordadas por ti. O teu mestre Epicuro declara ignorar de todo o que querem dizer os que medem pela honestidade o sumo bem e referem tudo a ela, negando que tenha qualquer parte com o deleite. Deles diz que pronunciam uma palavra vã, e que não compreendem o verdadeiro sentido oculto sob o termo honestidade. Mas, se não mente o uso, não se chama honesto senão o que a voz popular louva. E, embora a fama de honesto costume ser mais agradável que quaisquer deleites, diz Epicuro que o deleite é o apetecível. Vês quão grande é esta discordância? O ilustre filósofo, que comoveu não só a Grécia e a Itália, mas todos os povos bárbaros, diz que não entende o que é a honestidade se não se faz com que ela consista no deleite, ainda que seja aquela mesma honestidade o que o rumor da multidão aplaude. Eu, pelo contrário, sustento que isso a que ele chama deleite é quase sempre torpe, e que, ainda quando não o é, não consiste a sua excelência em que seja aplaudido pela multidão. E o que é por si mesmo reto e louvável não havemos de chamá-lo honesto porque o louvem muito, mas sim por ser tal, que, ainda que os homens o ignorassem ou calassem, seria louvável pela sua própria beleza. E, assim, o próprio Epicuro, vencido pela natureza, a cujo poder ninguém resiste, diz alhures o mesmo que tu dizias há pouco: que não pode viver agradavelmente quem não viva conforme à honestidade. E que quer dizer honesto? O mesmo que agradável? Depende, porventura, da aprovação popular? Não é possível viver agradavelmente sem a honestidade? Que coisa haveria de mais estúpido que depender a vida do sábio da opinião dos ignorantes? E que é o que entende Epicuro por honestidade? Certamente nada senão o que possa em si mesmo parecer digno de louvor.

Mas, além de ele a entender como vinculada à busca de deleite, que há de louvável em algo que o mercado pode fornecer? Não é homem aquele que não tenha a honestidade em tal apreço que sem ela não compreenda a felicidade da vida, e que estime honesto o que depende da aprovação popular, ou que entenda por tal algo diverso do que seja reto e louvável pela sua própria natureza.

XVI

"Assim, ó Torquato, parecia que triunfavas quando dizias que, segundo Epicuro, não é possível viver agradavelmente se não se vive conforme à honestidade, à sabedoria e à justiça. Tanta força há nestas palavras pela dignidade mesma das coisas que elas significam, que, penetrado tu mesmo da sua grandeza, te detinhas às vezes e nos olhavas de quando em quando, como querendo que déssemos testemunho de que também Epicuro louvava algumas vezes a honestidade e a justiça. Julgas que estava conforme a ti usar de tais palavras, sem cujo uso não haveria filosofia possível? Por que o afago destas palavras, sabedoria, fortaleza, justiça, temperança, que tão rara vez pronunciava Epicuro, fez com que se devotassem à filosofia os homens de maior talento? Não basta, diz Platão, a nossa penetrante vista para contemplar a sabedoria. Quão ardentes amores excitaria se a pudéssemos contemplar face a face! E por quê? Porque seja hábil forjadora de deleites? Por que tanto louvamos a justiça? Demasiado fracos são os argumentos que brandias ao dizer que aos malvados lhes atormenta tanto a própria consciência como o medo das penas da lei, as quais penas ou de fato já os perseguem, ou os fazem estar em contínuo temor de ser perseguidos por elas. Não nos havemos de fixar num homem tímido ou covarde, nem num varão excelente que porém se atormente em tudo quanto faça e que tudo tema, referindo tudo à utilidade; ou que seja agudo, engenhoso, fértil em astúcias, e que possa excogitar um modo de fazer as coisas às ocultas, sem testemunhas, sem que ninguém seja sabedor delas. Pensas que aludo a Lucílio Túbulo, que, presidindo o tribunal que julgava os homicídios, recebeu dinheiro tão clara e publicamente daqueles a quem devia julgar, que um ano depois o tribuno da plebe Públio Cévola teve de acusá-lo diante da mesma plebe, tendo sido em conseqüência disto que o Senado incumbiu a causa ao cônsul Cneu Cepião e que Túbulo partiu em seguida para o desterro, sem ousar tentar a defesa, uma vez que tão manifesto era o seu delito?

XVII

"Não, não falo aqui de um malvado vulgar, mas de um malvado astuto, como o foi Quinto Pompeu no tratado de Numância[19]; nem de um que tema tudo; mas sim de um que primeiramente faça ouvidos moucos à sua consciência, a qual depois é muito fácil fazer calar. Aquele que deste modo oculto e cauteloso procede está tão longe de delatar-se a si mesmo, que, muito pelo contrário, parece indignar-se com as maldades alheias. Pois em que outra coisa consiste a astúcia? Lembro-me de ter ouvido Públio Sextílio Rufo afirmar, numa consulta, que ele era o herdeiro de Quinto Fádio Galo, em cujo testamento, porém, estava escrito que ele lhe pedira entregasse toda a herança à sua filha Fádia. Sextílio negava o fato, e podia fazê-lo impunemente, porque quem haveria de provar o contrário? Por certo nenhum de nós. Ele negava-o, conquanto fosse muito mais verossímil que mentisse aquele que tinha interesse na causa do que o pai que escrevera que lhe pedira o que era natural que pedisse. E acres-

---

19. Cidade da Hispânia tarraconense e atual Sória.

centava que, jurando observar a lei Vocônia[20], a cumpriria, a não ser que se julgasse contrariamente. Eu era muito jovem então; mas, consultados os homens ilustres e sérios ali presentes, nenhum julgou que se devesse dar a Fádia maior quantia que a que podia receber segundo a lei Vocônia. Dessa maneira, obteve Sextílio uma grande herança, ao passo que, se tivesse seguido o parecer dos que antepõem o honesto e reto a todos os interesses e benefícios, não teria recebido um só sestércio. E crês que depois se tenha arrependido ou inquietado? De modo algum: aquela herança não só o deixou rico como alegre, porque estimava muito o dinheiro adquirido não contra as leis, mas conforme à letra das mesmas leis, o que, segundo os vossos princípios, e ainda que com grande risco, deveis buscar, porque proporcionará muitos e grandes deleites. E, assim como os que julgam apetecíveis em si mesmas as coisas retas e honestas crêem que se deve acometer qualquer perigo pela justiça e pela honestidade, assim os que medem tudo pelo deleite devem lançar-se aos perigos para alcançar maiores deleites. Se se trata, por exemplo, de uma grande herança, e como o dinheiro é o pai de infinitas comodidades, deveria ter empreendido o vosso Epicuro, se quisesse conseguir o que ele tem por sumo bem, façanha semelhante à que Cipião, o Africano, empreendeu para alcançar excelsa glória, mandando Aníbal de volta à África. A que perigos não se terá exposto ali? Mas todos os seus esforços ele referia-os à honestidade, e não ao deleite. De modo semelhante, o vosso sábio, quando vir a possibilidade de algum grande ganho, deverá abalançar-se, se necessário for, até ao combate. E, se puder levar ocultamente a termo a sua empresa, gozará; se o surpreenderem, desprezará toda e qualquer pena, porque estará disposto a desa-

---

20. Lei promulgada pelo tribuno Q. Vocônio Saxa, pela qual se limitava o direito de sucessão das mulheres.

fiar a morte, o desterro, e a própria dor, que porém julgais intolerável, mas que considerais facilmente suportável, uma vez que dizeis que o vosso sábio sempre desfruta mais os deleites do que padece de dor.

XVIII

"Imagina, porém, um homem não só astuto e malvado, mas também poderoso, como poderoso foi Marcos Crasso[21], o qual, todavia, costumava usar retamente dos seus bens; e como hoje o é o nosso Pompeu[22], a cuja justiça temos de estar muito agradecidos, dado que poderia ser injusto impunemente. E quantas injustiças se podem fazer sem que ninguém as possa censurar! Se um teu amigo moribundo te pedir que entregues a herança à sua filha, mas sem que sequer o tenha escrito, como o fez Fádio, nem o tenha dito a ninguém, que farás tu? Certamente lha entregarás, e talvez o tivesse feito o próprio Epicuro, como o fez um dos mais honestos homens do mundo, Sexto Peduceu, cujo filho e nosso grande amigo é um verdadeiro espelho das muitas virtudes e qualidades do pai. Ninguém sabia que ele escutara a última vontade de Caio Plócio Nursino, riquíssimo cavaleiro romano, e ele espontaneamente foi até a mulher do falecido, a qual tudo ignorava, e lhe entregou a herança. Tu também o

---

21. Marcos Licínio Crasso (115-53 a.C.), político romano que fez parte, com César e Pompeu, do primeiro triunvirato (60). Cônsul em 55, governou a Síria e foi morto na guerra contra os partos.

22. Pompeu, o Grande (108-46 a.C.), general de Sula, distinguiu-se na África, foi mandado em 76 como procônsul para a Espanha, foi elevado ao consulado com Crasso em 71, formou em 60 com César e Crasso, e contra o Senado, o primeiro triunvirato. Em 54, com o apoio do Senado e da nobreza, entrou em rivalidade com César. Acabou vencido em Farsália e, por ordem de Ptolomeu XII, foi assassinado ao chegar ao Egito, onde buscava refúgio.

terias feito, sem dúvida, mas eu te pergunto: Não entendes que a força da natureza pode mais que vós, que, apesar de referirdes tudo aos vossos interesses e, como vós mesmos dizeis, ao deleite, agis, no entanto, de modo tal, que acabais por não obedecer ao deleite, mas ao dever, e que vos dá mais força a reta natureza que a razão pervertida? 'Se soubesses', disse Carnéades, 'que havia um áspide oculto, que alguém imprudentemente iria sentar-se sobre ele e que a sua morte podia ser-te de alguma utilidade, agirias mal se não o prevenisses para que não se sentasse, mas agirias impunemente, porque quem poderia provar que tu o sabias?' Para que dizer mais?! É evidente que, se o amor e a justiça não procedem da natureza, e se referimos tudo à utilidade, não é possível encontrar um homem de bem. Acerca disto dissemos bastantes coisas nos nossos livros sobre a República, pondo-as na boca de Lélio.

XIX

"O mesmo podes aplicar à modéstia, e o mesmo podes aplicar à temperança, que é a moderação dos desejos. Parece-te que cumpre o pudor aquele que se entrega sem testemunha à luxúria? Não há coisas torpes em si mesmas, ainda que não estejam acompanhadas de nenhuma infâmia? E que fazem os homens fortes? Por acaso se lançam ao combate e derramam o seu sangue pela pátria movidos por cálculos de ganhos, ou o fazem por certo ardor e ímpeto do seu espírito? Julgas, ó Torquato, que, se o teu antepassado ouvisse as nossas palavras, haveria de gostar mais da maneira como tu explicas a sua façanha do que da maneira como a explico eu, dizendo que nada fez em causa própria e tudo por causa da República, ao passo que tu sustentas que não fez nada senão pelo seu próprio interesse? E, se quisesses estenderte e dizer francamente que não fez nada senão por causa do deleite, julgas que o suportaria com paciência? Concedamos, porém, que Torquato tenha agido em interesse próprio, como o dizes tu (e, falando de tal homem, prefiro a palavra interesse à palavra deleite); o seu colega Públio Décio, no entanto, o primeiro cônsul que houve na sua família, e que se sacrificou aos deuses infernais e se lançou a cavalo ao meio de um esquadrão dos latinos, pensava sequer minimamente no seu próprio deleite? Quando ou onde haveria de gozá-lo, se sabia que iria morrer em seguida e buscava aquela morte com mais ardoroso desejo do que se pugnasse em busca do deleite? E, se aquele feito não tivesse sido nobre e glorioso, certamente não o teria imitado seu filho quando cônsul, nem seu neto, quando morreu combatendo Pírron, oferecendo-se pela salvação da República como a terceira vítima da sua linhagem. Não quero citar outros exemplos. Os gregos têm poucos: Leônidas, Epaminondas[23]..., ou seja, três ou quatro. Se eu começasse a citar todos os nossos, facilmente acabaríamos por reconhecer que o deleite tem sempre muito menos força que a virtude; e, como não me bastaria o dia inteiro para enumerá-los a todos, e assim como Aulo Valério – que era tido por juiz severo e rígido – costumava dizer quando lhe apresentavam certo número de testemunhos e ainda queriam apresentar outros: 'Ou estes testemunhos são suficientes, ou não sei que quer dizer suficiente', assim eu creio que já apresentei bastantes. O que a ti mesmo, tão digno dos teus ancestrais, te moveu quando moço a arrebatar de Públio Sila o consulado foi por acaso o deleite? E que dirás de teu pai, homem fortíssimo tanto no

....

23. Leônidas I, o rei de Esparta (490 a 480 a.C.) que defendeu heroicamente as Termópilas contra os persas, morrendo junto com os 300 espartanos. – Epaminondas (418-362 a.C.), general e estadista tebano, um dos cabeças da democracia da sua cidade e vencedor dos lacedemônios em Leuctras e em Mantinéia. Com a sua morte, desvaneceu-se a grandeza de Tebas.

seu consulado como após ele e como simples cidadão? De minha parte, seguindo o seu exemplo, eu quis velar antes pela saúde de todos que pela minha. Mas que diria ele se te visse pôr de um lado um homem cumulado de extraordinários deleites e não afetado por nenhuma dor presente nem pela previsão de nenhuma dor futura, e do outro um homem atormentado em todo o corpo, sem deleite algum nem esperança disso, e te ouvisse perguntar quem era mais miserável que este último ou mais feliz que o primeiro, inferindo daí que o sumo mal é a dor e o sumo bem o prazer!

XX

"Tu conheceste, e não o podes deixar de lembrar, Tório Balbo Lanuvino. Este vivia de tal modo, que não se podia encontrar deleite algum, por requintado que fosse, de que ele não gozasse. E era não só cobiçoso de deleites, mas em todos inteligente e magnífico; era tão pouco supersticioso, que desprezava os infinitos sacrifícios e templos da sua pátria; desprezava tanto a morte, que morreu numa batalha, combatendo pela República. Não qualificava os deleites pela divisão de Epicuro, mas pelo seu próprio modo de desfrutá-los. Preocupava-se porém com a sua saúde, e por isso se entregava àqueles exercícios ginásticos que podiam fazê-lo chegar à mesa com fome e sede. Escolhia manjares suavíssimos e ao mesmo tempo fáceis de digerir; bebia vinho com tal comedimento, que este não lhe causava mal algum; e a isto acrescentava todos os demais deleites sem os quais Epicuro não concebia a felicidade. Estava livre de toda e qualquer dor, e, se alguma tivesse tido, não a teria suportado com paciência, ainda que escutasse mais os médicos que aos filósofos. A sua cor era excelente, perfeita a sua saúde, grande a sua cortesia, e cheia a sua vida de toda a variedade de gozos. Indubitavelmente, a este teria a vossa escola por homem feliz. Eu não ouso dizer quem anteponho a ele; di-lo-á por mim a minha própria virtude, não hesitando em afirmar que Marco Régulo foi muito mais afortunado quando, por vontade própria e não obrigado por nenhuma força, mas por causa da palavra empenhada aos inimigos, voltou da pátria a Cartago[24]. Deste homem, atormentado por vigílias e pela fome, dirá sempre a virtude que foi mais feliz que Tório, quando bebia entre rosas. Régulo travara grandes guerras; duas vezes fora cônsul; obtivera o triunfo e, todavia, não estimava tanto as suas passadas e excelentes grandezas como aquela última, a que se abalançou pela sua fidelidade e constância; heroísmo que aos ouvintes pode parecer lastimável, mas que ele levou a efeito com plena vontade. Não consiste a felicidade nem na alegria, nem na lascívia, nem no riso ou no escárnio, companheiro da leviandade, mas na dura firmeza e constância. E que dizer de Lucrécia[25], que, violada pelo filho de um rei, se matou, tendo os concidadãos por testemunhas? Esta dor do povo romano foi a causa de libertar-se Roma, movida e guiada por Bruto. E pela memória daquela mulher foram feitos cônsules, no primeiro ano da República, seu marido e seu pai. Por seu turno, sessenta anos depois de recuperada a liberdade, o humilde Lúcio Virgínio, um mais da multidão, preferiu matar com as suas próprias mãos a filha, donzela, a entregá-la à lascívia de Ápio Cláudio, que tinha então o supremo império.

....

24. Marco Atílio Régulo, general romano e cônsul em 267 e 256 a.C. Preso pelos cartagineses, foi mandado por estes, sob palavra, a Roma, para propor ao Senado uma troca de prisioneiros. Após convencer o Senado, e resistindo às súplicas da esposa, dos filhos e dos amigos, voltou para entregar-se aos cartagineses, que o supliciaram (c. 250).

25. Dama romana que se matou por ter sido ultrajada por um filho de Tarquínio, o Soberbo. Foi esse trágico acontecimento a causa do estabelecimento da República em Roma (510 a.C.). Aplica-se o seu nome às mulheres fiéis e virtuosas.

XXI

"Ou havemos de vituperar estas coisas, Torquato, ou abandonar a defesa do delito a quem seja vil o suficiente para defender essa causa, que não apresentará nunca em seu favor testemunhos nem patronos entre os homens ilustres. Nós, no monumento dos nossos anais, recordamos os que consagraram toda a sua vida ao trabalho glorioso e que nem sequer podiam ouvir com paciência o nome deleite; mas para vós é muda a história. Nunca ouvi a escola de Epicuro citar Licurgo[26], Sólon[27], Milcíades[28], Temístocles[29], Epaminondas, que, no entanto, andam sempre na boca dos demais filósofos. Mas, agora que começamos nós a ocupar-nos disto, o nosso Ático, tão instruído nas nossas antiguidades, poderá fornecer-nos do seu abundante tesouro tantos nomes quantos necessitemos por testemunhos. Não nos vale mais saber algo deles que falar de Temístocles em tantos volumes? Concedamos, todavia, este privilégio aos gregos, uma vez que lhes devemos a filosofia e todas as artes liberais; mas não é menos verdade que eles tomam certas liberdades que a nós não nos são lícitas. Voltando porém ao nosso tema, digo que disputam entre si os estóicos e os peripatéticos; aqueles negam que haja felicidade fora do honesto, enquanto estes não cessam de louvar e elevar a honestidade, concedendo, toda-

---

26. Chamado o legislador de Esparta (séc. IX a.C.), Licurgo, graças às observações que fizera em viagem por diversas partes do mundo, empreendeu uma reforma completa do Estado.

27. Legislador de Atenas (640-558 a.C.), um dos Sete Sábios da Grécia. O seu nome passou a ser sinônimo precisamente de sábio e legislador.

28. General ateniense, vencedor dos persas em Maratona e morto em 489 a.C.

29. General e estadista ateniense (c. 525-460 a.C.), foi arconte em 480 e, quando da invasão da Grécia por Xerxes, comandou a frota grega em Salamina. Falando de Milcíades, Temístocles pronunciou as seguintes palavras: "Os louros de Milcíades não me deixam dormir", palavras que ficaram como divisa de nobre emulação.

via, que também há bens tanto no corpo como no exterior. É a disputa excelente, porque toda ela versa sobre a dignidade da virtude. Disputando porém com os teus, somos obrigados a ouvir mencionar aqueles deleites obscenos sobre os quais tantas vezes discute longamente Epicuro. Não podes defender isso, ó Torquato, se consideras a tua própria natureza e os teus pensamentos e estudos. Envergonhar-te-ias, asseguro-te, contemplando aquela tábua que Cleantes, muito engenhosamente, costumava pintar com palavras. Ele dizia aos discípulos que imaginassem a Volúpia sentada no seu trono, com esplêndidas vestes de rainha, e tendo à sua volta as Virtudes como serviçais que não fizessem nada além de deleitá-la, e que de vez em quando lhe dissessem ao ouvido, se é que isto se podia sugerir numa pintura, que se guardasse de cometer qualquer imprudência que ofendesse o espírito dos homens ou algo que lhes pudesse ser ocasião de dor. 'Nós, as Virtudes, nascemos para servir-te, e não temos nenhuma outra ocupação.'

XXII

"Nega Epicuro, lume da vossa escola, que não pode viver honestamente senão aquele que vive de modo agradável. A mim pouco me importa o que ele afirme ou negue; a única coisa que peço a quem defenda o deleite como sumo bem é que seja conseqüente consigo mesmo. Que razão tens para dizer que não tiveram vida muito agradável Tório, Caio Postúmio ou o mestre de todos eles, Orata? Nega Epicuro, como já disse, que seja censurável a vida dos luxuriosos, desde que não sejam completamente fracos, ou seja, desde que não se deixem levar a vãs cupidezes nem se deixem tomar por medos vãos. É verdade que promete remédio para ambos os casos, mas de fato não faz senão conceder licença à luxúria. Ademais, tirantes aquelas coisas, não vê nada censurável na vida dissoluta. Não podeis, portanto, medindo tudo pelo deleite, conceber nem defender a virtude, uma vez que não se pode ter por homem justo e são aquele que não se abstém de praticar o mal senão pelo prejuízo que lhe possa causar. E lembro-me desta sentença: 'Não é piedoso quem o é por temor.' Nunca ouvistes verdade maior, e igualmente não é justo quem o é por temor, uma vez que deixaria de sê-lo quando nada tivesse que temer e de fato perdesse o medo. Sempre que possa agir com cautela, ou que consiga, à força de poder, o que deseja, preferirá certamente ser tido por homem de bem, ainda que não o seja, a sê-lo, ainda que não o pareça. Donde se infere e é evidente que, estimulando a que se dê por verdadeira justiça uma falsa aparência dela, vós de certo modo quereis ensinar-nos a desprezar a nossa própria e firme consciência e a seguir a errante opinião alheia. O mesmo pode dizer-se das demais virtudes, cujo fundamento pondes no deleite, que é o mesmo que pô-lo sobre a água. E pergunto: podemos chamar forte ao antigo Torquato, a quem me apraz citar, conquanto, como dizes tu, nem com isso eu te possa corromper? Mas basta, que de fato me deleita recordar a tua família e nome. E, por Hércules, juro que te porei sempre diante dos olhos aquele excelente homem Aulo Torquato, que me devotava insigne amizade, patente naqueles tempos que bem sabeis. E por certo eu mesmo, eu, que sou e quero ser tido por agradecido, não o teria sido tanto se não tivesse certeza de que foi amigo meu por interesse meu e não por interesse seu. Talvez digas que o interesse próprio reside em fazer bem a todos – se isto concedes, venci. Isto é o que pretendo, isto é o que defendo: o fruto do dever cumprido é o dever mesmo; mas isto não o concedes tu, que em todos os casos pedes o deleite como mercê. Mas volto a Torquato: se foi o deleite o que o impeliu a combater junto ao rio Ânio o gaulês, e se dele tirou o colar que lhe daria o sobrenome por qualquer outro motivo além de empreender um feito digno de um homem de valor, já não o terei por varão ilustre. Se o pudor, a modéstia, a honra, em resumo, a temperança, não tivessem por apoio senão o temor da pena ou da infâmia, e não se defendessem pela sua própria santidade, a que adultério, a que terríveis libertinagens não se entregariam muitos ao dar-se conta do modo de ocultar-se, ou da impunidade, ou da licença?! E, Torquato, parece-te conveniente a um homem como tu, de tamanho nome, talento e glória, não ousar confessar em público o fim a que se destina o que fazes, o que tencionas, o que pensas, nem o que o tens por mais excelente na vida? Quando obténs uma magistratura, e sobes à tribuna para declarar de que maneira vais administrar justiça, e acrescentas, se te parece oportuno, e conforme ao costume admitido, algo sobre a glória dos teus antepassados e sobre a tua própria pessoa, ousas dizer que tudo quanto fizeres no teu ofício público não o farás senão por causa do deleite, e que nunca tiveste, além desta, outra razão para nenhum ato da tua vida? Perguntar-me-ás se te julgo tão louco para ousares falar desse modo diante do vulgo ignorante. Mas atreve-te, então, a dizê-lo em juízo ou no Senado! Nunca o farás, indubitavelmente. E por que não, senão pela torpeza mesma desse raciocínio? Ou será que a mim e a Triário nos julgas dignos de ouvir tais torpezas?

XXIII

"É evidente que a própria palavra deleite não tem em si dignidade alguma. Ou será que nós não a entendemos? Sim, a nós nos vindes dizer que não alcançamos o verdadeiro sentido desta palavra. Mas a vós é que ela parece difícil e obscura, ao passo que nós, embora vos entendamos bem quando falais de átomos, e de intermúndios, que não existem nem podem existir, como poderíamos não entender o deleite, que todos conhecem, até os pássaros? E que me dirás, se te obrigo a confessar não só que eu sei em que consiste o deleite (que, ao fim e ao cabo, não é mais que um movimento agradável dos sentidos), mas que também sei o que queres dizer por este nome? Sim, porque em verdade tu o entendes como eu, e o fazes consistir num movimento e em alguma mudança; e falas, ademais, de certo supremo deleite, a que nada se pode acrescentar, e que, quando está isento de toda e qualquer dor, tens por firme e estável. Concedo-te que isto seja o deleite. Ousa, então, dizer em qualquer assembléia que procedes, em todas as tuas coisas, tão-somente para evitar a dor. E nem sequer por dizê-lo parecerás grande e generoso. E que sucederá se afirmares que nesta magistratura e em toda a tua vida não farás senão o que te convier e que tenha relação com os teus próprios interesses? Que clamor não se levantará contra ti? Ou que esperança poderás conservar daquele consulado que tens tão próximo? Ou seja, não te atreverás a confessar em público a doutrina que aplicas a ti mesmo e aos teus. Tu, nos julgamentos e no Senado, tens sempre na boca as mesmas palavras que usam os peripatéticos e os estóicos: 'dever, eqüidade, fidelidade, honestidade, pátria, dignidade do Império, dignidade do povo romano, correr perigos pela República, morrer pela pátria'. Quando dizes isto, nós nos admiramos; mas tu deves rir-te interiormente. Sim, porque entre estas tão magníficas e excelentes palavras nenhum lugar ocupa o deleite, e nem sequer o deleite que dizes consistir num movimento e que entendem todos os cidadãos e todos os rústicos, nem aquele outro deleite estável que ninguém além de vós põe sob o império da volúpia.

XXIV

"Veja que é inconseqüência valeres-te das nossas palavras, penses como penses. Tu, que não fingirias no rosto nem nos gestos para parecer homem mais sério, finges nas palavras e dizes o que não sentes, ou então, sem dúvida, mudas de parecer como de roupa, tendo um para casa e outro para o fórum; exteriormente a ostentação, e na alma a verdade oculta. Eu só tenho por verdadeiros os pareceres honestos, louváveis, gloriosos, que podem pronunciar-se no Senado, diante do povo, em toda e qualquer reunião e assembléia, de modo que não nos ruborizemos de dizer o que nos envergonhamos de sentir. Que lugar, porém, pode dar à amizade ou como pode tê-la quem não ama outro senão pelo seu próprio interesse? Que outra coisa será o amor, de que derivou o nome amizade, senão querermos fazer a alguém infinitos benefícios, ainda que deles nenhuma vantagem nos advenha? Dir-me-ás que te convém ter esse afeto, ou ao menos aparentá-lo, porque não podes ser amado sem amar; mas como o haverás de ser se antes não se apoderou de ti o amor, que não nasce em função de nenhuma utilidade, mas sim por si mesmo e espontaneamente? Dir-me-ás que buscas a utilidade. Neste caso, durará a amizade quanto dure a utilidade, e, se é ela que funda a amizade, então a acabará por destruir. E que farás se a amizade não te for de nenhuma utilidade, como costuma acontecer? Apagá-la-ás? Mas que amizade é essa!? E para quê? Dir-me-ás que para não ser alvo de ódio público por abandonar o amigo. E por que haveria de ser merecedor de ódio o que não é torpe em si mesmo? E, se não abandonas o amigo somente para que ele não te acarrete nenhum mal, ao menos desejarás que morra, para não estar ligado a ele sem fruto. E, se ele não te acarreta nenhum mal, mas tu mesmo vens a perder os teus bens, a padecer desgostos, a correr risco de morte, nem sequer então olharás por ti, e ainda então insistirás em que cada um nasceu para si e para o seu próprio deleite? Entregar-te-ias a um tirano para que te desse a morte em troca da vida de um amigo teu, como fez aquele pitagórico ao entregar-se ao tirano da Sicília? Novo Pílades, dir-te-ias Orestes para morrer pelo teu amigo? Ou, se fosses Orestes, nomear-te-ias para salvar Pílades, e, se não o conseguisses, pedirias então que te matassem junto com ele?

XXV

"Tenho certeza de que tu serias capaz de todas estas coisas, Torquato, pois eu creio que não há nada louvável e glorioso que o medo da dor ou da morte possa impedir que faças. Mas agora não pergunto o que é conforme à tua natureza, mas sim o que é conforme à tua doutrina; a razão que defendes, os preceitos que aprendeste, a filosofia que aprovas destroem a concórdia e a amizade, por mais que Epicuro, como é de seu costume, eleve a amizade ao céu com extraordinários louvores. Dir-me-ás que ele mesmo a observava escrupulosamente. Nem eu nem ninguém negamos que era homem de bem, cortês, humano; mas aqui, na nossa disputa, tratamos da sua doutrina, não dos seus costumes. Que fique para a leviandade dos gregos o perseguir com maledicência os que discordam do seu parecer. Ainda, porém, que ele tenha sido verdadeiramente cortês e fiel na amizade, e veja-se que a respeito disso eu nada afirmo, a verdade é que na disputa mostrou pouca agudeza. Dir-me-ás que teve muitos discípulos, e talvez tenhas razão, mas nunca foi muito estimável o testemunho da multidão. Em todo e qualquer estudo, ou em toda e qualquer arte ou ciência, ou na própria virtude, o exceler é sempre raríssimo. E precisamente pela possibilidade de Epicuro ter sido homem honrado e de muitos epicuristas terem sido ou serem fiéis na amizade e constantes e sérios em todos os atos da sua vida, governando-se não pelo deleite, mas pelo dever, é que a mim me parece maior a força da honestidade e menor a do prazer. Alguns vivem de modo tal, que a sua vida é a refutação mais cabal da sua doutrina, e, assim como de outros se crê que dizem melhor do que fazem, assim de vós me parece que agis melhor do que dizeis.

XXVI

"Isso, todavia, nada importa ao assunto que nos ocupa. Examinemos o que tu dizes da amizade. Vejamos um argumento brandido por ti e que, se não me engano, é tomado de Epicuro: que a amizade não pode separar-se do deleite, e que não deve ser cultivada senão porque sem ela não é possível viver com segurança e sem temor, e nem sequer com agrado. Mas já respondi suficientemente a isto. Depois apresentaste um argumento mais humano, de outros e mais recentes filósofos, nunca pronunciado, que eu saiba, pelo próprio Epicuro, e disseste que primeiro se busca um amigo por causa da utilidade, e que depois pelo costume se passa a amá-lo por si mesmo, ainda que perdida a esperança de benefício. Conquanto isso implique muitas dificuldades, concedo, porém, o que não me concedes. A mim me basta, ao passo que a vós não vos basta, conquanto concedais que por vezes é possível agir com retidão ainda que não se espere nem busque ganho nenhum. Alegaste também a opinião de alguns que afirmam que os sábios fizeram entre si um pacto de amarem-se uns aos outros como a si mesmos. E, se isto é possível, e se alguma vez se fez tal pacto, deve ser ele de grande utilidade e agrado para a vida. E, se puderam selar tal pacto, igualmente poderiam ter-nos feito amar a justiça, a temperança e todas as demais virtudes – desinteressadamente e por si mesmas. Se porém cultivamos a amizade pelo benefício, pelos emolumentos, pela utilidade; se não há amor algum que produza espontaneamente e pela sua própria força a amizade, fazendo-a apetecível em e por si mesma, quem há de hesitar em antepor as suas riquezas e posses aos amigos?

E, aqui, por certo recordarás novamente as palavras de Epicuro em louvor da amizade. Eu não pergunto o que disse Epicuro, mas o que se deve dizer segundo a sua mesma doutrina. Se a amizade não tem por fundamento senão a utilidade, por que estimas mais o teu amigo Triário que aos teus celeiros de Puzol? Recorrerás aqui ao argumento de sempre: a proteção dos amigos. Suficiente proteção tens em ti mesmo, e nas leis, e ainda em relações inferiores à amizade. Não obstante, ninguém poderá fazer-te vítima do seu ódio e facilmente evitarás a inveja – se seguires os preceitos de Epicuro. Se pagas tanto tributo à liberalidade, e ainda que não tenhas o amor de Pílades e Orestes, facilmente obterás o apoio e a benevolência de muitos; mas a quem comunicarás o sério e o jocoso? A quem os arcanos e as profundezas da tua alma? Primeiro a ti mesmo e depois a esses meios amigos? Mas, embora isso não seja inútil, onde está a utilidade de tanto dinheiro gasto? Podes ver, pois, que, se medes a amizade pelo amor, não haverá nada mais excelente que ela; se, no entanto, a medes pela utilidade, a maior das amizades será inferior à posse de terras de grande valor. Se havemos de ser verdadeiros amigos, haverás de amar-me a mim mesmo, mas não às coisas que possuo.

XXVII

"Detenho-me demasiadamente em coisas demasiado claras. Sabido e concluído já que não há lugar para a virtude nem para a amizade se tudo referimos ao deleite, já nada me resta por dizer. Contudo, para não parecer que deixei de responder a algum argumento, direi algo sobre o restante do teu discurso. Como a filosofia toda se dirige a produzir uma vida feliz, e como não é senão por apetecê-la que se dedicam os homens ao seu estudo, e como o viver felizmente os filósofos o fazem residir em diversas coisas, ao passo que vós o fazeis consistir unicamente no deleite (e, ao contrário, toda a infelicidade na dor), vejamos em que se funda este viver. Conceder-me-ás, sem dúvida, que, se a felicidade é algo, deve estar sob o domínio e poder do sábio, porque a vida feliz que se pode perder já não é efetiva vida feliz. Quem confiará na firmeza e estabilidade do que em si mesmo é frágil e perecível? E, se alguém desconfia da perpetuidade dos bens que possui, é necessário que tema perdê-los algum dia e ver-se reduzido à miséria. Ninguém pode ser feliz com tão grande temor; logo, conseqüentemente com a vossa doutrina, ninguém pode jamais ser feliz, uma vez que a vida feliz tem de ser perpétua e não ver-se reduzida a um espaço de tempo; nem se pode chamar propriamente vida feliz à que não é perpétua e absoluta: ninguém pode algumas vezes ser feliz e outras infeliz. Aquele que pense que pode vir a ser infeliz, este já não é feliz. Mas, quando pela sabedoria se alcança a felicidade, esta é tão estável quanto a própria sabedoria de que é produto, e neste caso o sábio já não tem de esperar o derradeiro momento da vida para dizer-se feliz, ao contrário do que disse Sólon a Creso[30], segundo o que lemos em Heródoto. Tu, todavia, disse-nos que Epicuro nega que a longa duração acrescente algo à vida feliz, e que seja maior o deleite sempiterno que o que se desfruta em breve instante. Há em tudo isso profundas contradições. Após teres feito residir o sumo bem no deleite, negas que o infinito seja maior que o finito. Quem faz consistir o sumo bem na vir-

---

30. Último rei da Lídia (560-548 a.C.), célebre pelas suas riquezas e cujo nome se tornou proverbial para designar um homem riquíssimo. Ele próprio perguntou um dia a Sólon se conhecia homem mais feliz do que ele. O sábio respondeu-lhe que ninguém antes de morrer podia dar-se o nome de feliz. Depois de ter submetido a Ásia Menor, Ciro venceu Creso em Timbra, e o condenou à morte. Quando ia ser queimado, vieram-lhe à mente as palavras de Sólon, e ele pronunciou três vezes o nome do legislador ateniense. Comovido por isso, Ciro perdoou-lhe, admitiu-o no número dos seus conselheiros e recomendou-o, antes de morrer, aos seus filhos.

tude, este pode dizer que a perfeição da virtude implica a felicidade da vida, e negar que o tempo possa acrescentar o que quer que seja ao sumo bem; mas quem faz consistir no deleite a vida feliz, este, para ser conseqüente consigo mesmo, como haverá de negar que uma maior duração aumente não só o deleite mas também a dor? Se a dor mais longa é a mais tormentosa, como não haverá de ser mais apetecível o deleite que tenha mais duração? Por que Epicuro diz que o Deus supremo é feliz e eterno? Se se lhe tirar a eternidade, por que haverá de ser Júpiter mais feliz que Epicuro, uma vez que ambos gozam do sumo bem, ou seja, do deleite? Dir-me-ás que Epicuro também padeceu dores; mas a verdade é que, a crer nele, a desprezava absolutamente, uma vez que poderia exclamar: "Que agradável é isto!" ainda quando o estivessem queimando. Em que o superam, portanto, os deuses senão na eternidade, e que bem há na eternidade além do sumo e sempiterno deleite? Para que te serve o falar bem, se não falas de modo conseqüente? Segundo vós, no deleite do corpo – e acrescento, se o quiseres, no do espírito, dado que vós o identificais com o do corpo – consiste o viver feliz. Pois bem: quem pode dar ao sábio esse perpétuo prazer? As coisas que produzem o deleite não estão em poder do sábio, nem consiste, segundo vós, na própria sabedoria o ser feliz, mas sim nas coisas que a sabedoria reúne e ordena para o deleite. Ora, tais coisas são externas, e o que é exterior depende do acaso, donde resulta que seria senhora da vida feliz a fortuna, da qual, todavia, disse Epicuro que tem pouco domínio sobre o sábio.

XXVIII

"Dir-me-eis que essas coisas são de pouca importância, e que ao sábio o enriquece a própria natureza, tal qual ensinou Epicuro. Está bem o que diz, e não o rejeito; mas a verdade é que contradiz o anterior. Nega Epicuro que se alcance menos prazer com alimentos e bebidas pobres que com manjares deliciosos. Se ao mesmo tempo afirmasse que para a felicidade da vida não importa muito a espécie de alimento, eu conceder-lho-ia e até o louvaria por isso, uma vez que está dizendo uma verdade, razão por que Sócrates, que em nenhum lugar faz menção ao deleite, costumava dizer que a fome é o condimento da comida e a sede o da bebida; mas aquele que, referindo tudo ao deleite, vive como Galônio e fala como Pisão, o Frugal[31], a este eu não o entendo, nem creio que se entenda ele a si mesmo. Diz também Epicuro que as riquezas naturais são fáceis de adquirir, porque a natureza se contenta com pouco. E certamente se contentaria, se não estimásseis tanto o deleite. Acrescenta Epicuro que não é menor o deleite advindo de alimentos vis e desprezíveis que o advindo de outros, finíssimos; mas isso não só é não ter bom julgamento, como é não ter sequer paladar. Até àqueles que desprezam o deleite lhes é lícito dizer que antepõem estes alimentos àqueles. Com quão maior razão aquele que tem o deleite por sumo bem deve medir tudo pelos sentidos e não pela razão, e estimar mais excelentes as coisas que são mais agradáveis! Concedamos porém que assim seja, e que se possa conseguir o deleite mais intenso contentando-se não só com pouco, mas, se assim o quiserdes, com nada, de modo que se tenha tanto deleite com os manjares que costumavam comer os persas, segundo o que escreve Xenofonte, como nas mesas siracusanas, tão duramente vituperadas por Platão. Que em boa hora seja tão fácil, como dizes, a obtenção da felicidade; mas que diremos da dor cujos tormentos são tais, que com eles não se concebe a vida feliz, sendo a dor o sumo mal? O próprio Metrodoro, que

....

31. Cônsul e orador romano, intitulado Frugal pela sua proverbial sobriedade (ver *Tusculanas*, III, 20).

é quase outro Epicuro, descreve a felicidade com estas palavras: 'A felicidade se dá quando temos o corpo são e temos certeza de que o estará sempre'; mas quem pode ter certeza de que se lhe conservará são o corpo, não digo por um ano, mas nem sequer na tarde de um mesmo dia? Temeremos sempre a dor, ou seja, o que chamais o sumo mal, ainda que ela não nos ameace de perto. Como podeis evitar na vida feliz o temor do sumo mal? Também ensina Epicuro, dir-me-eis, o modo de evitar a dor; mas, se é já absurdo querer desprezar o maior de todos os males, qual é esse modo? Dir-me-eis: a dor maior é breve. Em primeiro lugar, que chamais breve? Em segundo, qual tendes pela maior das dores? E a dor extrema não pode durar muitos dias e até meses? A não ser que consideres dor mais dura a que mata assim que acomete. Mas quem tem essa espécie de dor? A que eu quisera que sofrêsseis é aquela com que vi consumir-se um amigo meu, filho de Marco, Cneu Otávio, homem excelente e humaníssimo, dor que o acometeu não só uma só vez nem por breve tempo, mas muitas e com igual intensidade. Ó deuses imortais, como sofria ele os seus tormentos, quando pareciam arder-lhe todos os membros! Mais miserável, todavia, teria sido se tivesse passado os dias a nadar nos deleites de uma vida torpe e viciosa.

XXIX

"Sim, não compreendo o que quereis dizer ao afirmar que a grande dor é breve e que a dor leve é longa. Eu vejo dores que são ao mesmo tempo intensas e muito longas, e sei que há uma maneira de tolerá-las; mas vós não a conheceis, porque não amais a honestidade em si mesma. Há certos preceitos e leis de fortaleza que proíbem a um homem afeminar-se na dor. E por isso se há de ter por coisa torpe não o queixar-se, porque isto é por vezes inevitável, mas o encher os rochedos de Lemnos com aquele clamor de Filoctetes[32]. E como poderia comparar-se Epicuro a este homem, cujas vísceras encharcadas do veneno da víbora produziam contínuos e insuportáveis tormentos? Suponhamos Epicuro no caso de Filoctetes. Diz ele que, se a dor é grave, é também breve. E, no entanto, Filoctetes permanece dez anos gemendo no fundo da sua caverna. Acrescentará Epicuro que a dor longa é leve porque a intervalos permite um descanso. Mas, em primeiro lugar, isso não sucede sempre; e, em segundo, que descanso será esse, quando é tão recente a memória da dor passada e há a ameaça de tão próximo mal futuro? Dir-me-eis: 'Que se mate', e talvez isto seja efetivamente o melhor; mas, então, que fazer com aquela sentença vossa segundo a qual na vida há sempre mais deleite que dor? Se assim é, será uma maldade persuadi-lo a que se mate. O melhor será dizer-lhe que é torpe um homem deixar-se abater, render-se, sucumbir à dor. As vossas sentenças são palavras vazias. A dor não se pode mitigar senão pela virtude, pela magnanimidade, pela paciência, pela fortaleza.

XXX

"Escuta, para não irmos mais longe, o que disse Epicuro ao morrer, e vê como as suas obras estavam em contradição com as suas palavras. Diz Epicuro ao seu amigo Hermarco: 'Escrevo-te no dia mais feliz da minha vida, porque é o último. São tais as dores na bexiga e nos intestinos, que nada

---

32. Célebre arqueiro da guerra de Tróia, a quem Héracles tinha legado o seu arco e as suas flechas. Foi abandonado pelos gregos por causa de uma ferida muito purulenta e dolorosa, mas, tratado depois, ajudou na tomada de Tróia, matando Páris.

se pode acrescentar à sua virulência.' Aí está um homem infeliz, se é que a dor é o sumo mal. Não se pode encarecer mais; não obstante, continuemos a escutá-lo: 'Em tão supremo transe, não me resta senão uma alegria: a lembrança das minhas doutrinas e invenções. Espero que tu, como convém à boa vontade que desde jovem tiveste para com a minha pessoa e para com a filosofia, sejas tutor dos filhos de Metrodoro.' Não anteponho eu a essa morte a de Epaminondas nem a de Leônidas. Epaminondas, quando vencedor dos lacedemônios em Mantinéia e exangue por grave ferimento, perguntou somente se se lhe salvara o escudo, e, como os seus lhe respondessem, chorando, que sim, perguntou então se os inimigos tinham sido derrotados, e, tendo ouvido a resposta que desejava, mandou que arrancassem do ferimento a lança que tinha atravessada. E assim, perdendo muito sangue, caiu morto em meio da mesma alegria da vitória. Leônidas, rei dos lacedemônios, resistiu em Termópilas com os 300 que trouxera de Esparta, preferindo uma morte gloriosa a uma fuga desonrosa. Ilustres são estas mortes guerreiras! Os filósofos quase sempre morrem na cama. Mas que é o que a Epicuro mais o consolava naquele transe? A memória da sua ciência e invenções. Essas são palavras dignas de um filósofo; mas, ao dizê-las, ó Epicuro, esqueceste-te da tua própria doutrina, porque, se é verdade o que ensinavas nos teus escritos, cuja lembrança tanto te deleita, já não podes gozar pelo menos corporalmente, e tu nos ensinaste que não há outro deleite nem outra dor além das do corpo. Dizes que te alegras com a memória do passado, mas de que deleite passado? Se dos deleites do corpo, bem compensada está a lembrança pelas dores que agora sofres; se dos do espírito, tu ensinaste-nos que não há nenhum deleite espiritual que não se refira ao corpo. E por que recomendas os filhos de Metrodoro? Que tem que ver o corpo com essa tua egrégia felicidade no cumprimento do dever?

XXXI

"Por mais engenhosidade com que discorras, ó Torquato, sempre terás de confessar que em tal admirável epístola nada escreveu Epicuro que se harmonizasse com as suas mesmas opiniões, e que nela ele próprio contesta a si mesmo, e que, de modo geral, os seus escritos doutrinários estão em contradição com a sua probidade e bons costumes. Sim, porque tal recomendação das crianças, tal lembrança e bondade para com os amigos, tal conservação dos afetos no momento de render a alma, tudo isso indica que há no homem uma probidade inata e gratuita, não fundada no deleite nem comprada pela esperança do prêmio. Que maior testemunho encontraremos de que as coisas honestas e retas são apetecíveis em si mesmas? Mas, assim como julgo digna de louvor esta epístola que acabo de traduzir ao pé da letra, conquanto de modo algum convenha com a totalidade da doutrina de Epicuro, assim sustento, pelo contrário, que o seu testamento desdiz não só a sua seriedade como filósofo, mas também o seu próprio ensinamento. Ele escreveu com muitas palavras e com alguma clareza, no já referido livro, que a morte não é de temer, porque o que se dissolve é falto de sentido, e porque o que é falto de sentido nada nos pode importar. Mas poderia tê-lo dito com mais elegância e melhor, uma vez que, quando escreve: 'o que se dissolve é falto de sentido', não explica com toda a clareza o que é que se dissolve; mas entendo o que quer dizer. O que lhe pergunto é por que, acabando-se todo o sentido com a dissolução, ou seja, com a morte, e não restando nem uma relíquia de nós, determina com tanto cuidado e diligência que os seus herdeiros Aminômaco e Timócrates dêem, todos os anos, no mês de Gamélion, e segundo o que decida Hermarco, o valor necessário para a celebração do seu aniversário, e que todos os meses, no vigésimo dia de lua, se reúnam num banquete todos os que filosofaram com ele, para que assim se conserve a sua memória e a de Metrodoro. Não posso senão dizer que, ainda que tudo isso seja próprio de um homem espirituoso e amável, não o é porém de um sábio, nem, muito menos, de um físico como ele pretende parecer, para o qual não deve ter sentido algum a palavra aniversário. Como pode voltar, e várias vezes, um dia que já passou? Certamente não o pode. Pode suceder outro dia igual? Tampouco. A não ser após milhares de anos, quando já se tenha verificado, concomitantemente, a reversão de todas as estrelas ao ponto de onde partiram. Não há, portanto, o que se chama dia natal. Suponhamos, todavia, que o haja – ainda assim, por que celebrá-lo após a morte? E que necessidade tinha de vo-lo anotar no seu testamento ele, que vos disse com palavras de oráculo que, após a morte, nada resta de vós? Palavras em verdade pouco dignas de quem percorrera com a mente incontáveis mundos e infinitas regiões sem término nem limites! Terá dito algo semelhante Demócrito, a quem ele quase exclusivamente seguiu? E, se tinha de assinalar um dia, por que não assinalou aquele em que se tornou sábio em vez daquele em que nasceu? Dir-me-eis que não teria podido tornar-se sábio se não tivesse nascido. É claro, e tampouco se não tivesse nascido a sua avó. Crê-me, Torquato, que não é coisa própria de homens doutos querer que depois da sua morte se comemore com banquetes a memória do seu nome. E nada digo da maneira como passais esses dias, com os gracejos e zombarias dos homens alegres... Mas esqueçamo-lo, que não estou aqui para altercar. Só vos digo que é melhor vós comemorardes o natalício de Epicuro que ele encarregar-vos no seu testamento de comemorá-lo.

XXXII

"Voltando porém ao nosso propósito, já que da questão da dor viemos dar a essa epístola, podemos fazer o seguinte raciocínio. Aquele que padece o sumo mal, enquanto o padece, não é feliz. Sucede, todavia, que o sábio é sempre feliz, padecendo, no entanto, algumas vezes, dores. Logo, a dor não é o sumo mal. E que quer dizer aquela vossa sentença segundo a qual os bens passados não perecem para o sábio e este não se recorda dos males? Porventura está em nosso poder recordar-nos do que queremos? Disse Temístocles a Simônides[33], que lhe prometia ensinar a arte da memória: 'Mas quisera eu ter a arte de esquecer, porque me recordo do que não quero e não posso esquecer-me do que quero.' Muito engenhosa a resposta; mas eu encontro demasiada intolerância filosófica em proibir até a recordação, impondo-nos o que não podemos cumprir. E quem disse que às vezes não é doce a recordação dos males passados? Dizem que o são os provérbios, que são mais verdadeiros que os vossos dogmas. Diz o vulgo que são agradáveis os trabalhos passados, e com muita propriedade acrescenta Eurípides (cujas palavras traduzirei para o latim o melhor que possa, porque vós conheceis todos os versos gregos): 'doce é a memória dos trabalhos passados'. Mas voltemos aos bens antigos. Se dissesses que Caio Mário[34], banido, pobre, escondido num pântano, podia aliviar a sua dor com a recordação dos seus troféus, eu diria com muito gosto que tens razão. Não poderá ser feliz a vida do sábio, nem chegar a glorioso término, se o próprio esquecimento sepultar as suas boas ações e propósitos. Mas a vós vos adoça a vida a recordação dos

....

33. Simônides de Ceos (c. 556-467 a.C.), poeta lírico grego, autor de epigramas e de elegias patrióticas.

34. General romano (157-86 a.C.). Tio por aliança de Júlio César, foi sete vezes cônsul e venceu os teutões e os cimbros. Em 88, Caio Mário foi expulso de Roma por Sula e teve de ir esconder-se nos pauis de Minturnas. Após muitas peripécias, regressou a Roma, à frente de uma hoste numerosa, e fez-se nomear cônsul pela sétima vez. Vingou-se cruelmente dos partidários de Sula, mas, cerca de quinze dias depois do regresso, morreu subitamente.

deleites que em tempo passado desfrutou o vosso corpo, porque, se outros deleites existem, é falso que procedam da união da alma com o corpo. E, se é verdade que o deleite corporal passado ainda agrada, não sei por que Aristóteles escarnece tanto daquele epigrama de Sardanapalo[35], em que o rei da Assíria se vangloria de ter levado consigo para a sepultura todas as voluptuosidades. Diz Aristóteles que, quando vivo, Sardanapalo não podia sentir deleite senão enquanto o desfrutava – de que modo poderia, então, perdurar-lhe o deleite após a morte? É pois coisa breve e transitória o deleite corporal, e mais freqüentemente é motivo de arrependimento que de recordação. Pelo contrário, Cipião, o Africano, ao falar à sua própria pátria, exclama: 'Dos meus trabalhos é fruto a tua glória!' Mais feliz é este, que se compraz nos trabalhos passados, que tu, que te comprazes na recordação dos deleites. Ele recorda aquelas ações suas que de modo algum tiveram que ver com o corpo, ao passo que tu não pensas senão no corpo.

XXXIII

"E quem pode convir na vossa doutrina, que reduz todos os deleites e dores aos deleites e dores do corpo? Já sei que falo contigo, Torquato, e por isso te pergunto: Nunca te deleita nenhuma coisa em si mesma? Prescindo aqui da dignidade, da honestidade e das virtudes de que antes falamos. Ater-me-ei a algo mais leve: o escrever ou ler um poema ou uma oração, o investigar a história dos fatos passados, o apreciar a geografia das diversas regiões, as estátuas, os quadros, o lugar ameno mais próprio para a recreação, a quinta

....
35. O legendário, tirânico e derradeiro rei da Assíria, que, assediado por Arbaces, se suicidou, incendiando Nínive. Muitos afirmam que o nome Sardanapalo é uma corruptela de Assurbanipal.

de Lúculo – e não digo a tua, porque se o faço terias escapatória, dizendo que a possuis para deleite corporal –, todas estas coisas que disse, refere-as ao corpo ou há algumas delas que te deleitam em si mesmas? Demasiado teimoso serias se persistisses em referir tudo ao corpo; e, se o negas, terás de abandonar as doutrinas de Epicuro. E como conceder-te que são maiores os deleites e dores da alma que os do corpo porque a alma participa deles todo o tempo e o corpo só sente o deleite e o mal presentes? Daí resultará que aquele que se alegra com o meu desfrute o desfrutará mais que eu mesmo. Se o deleite da alma nasce do deleite do corpo, mas é maior que ele, temos de inferir que se experimenta maior gozo com a felicidade de um amigo que com a própria felicidade. Não vistes vós a conseqüência que se deduz de querer fazer feliz ao sábio atribuindo-lhe os maiores prazeres espirituais, mais excelentes que os do corpo, ainda que dele derivados. Neste caso, ele também sentirá dores da alma, muito superiores às do corpo, e será forçoso que alguma vez seja infeliz, ainda que vós o suponhais sempre feliz, e nada melhor conseguireis, se vos obstinardes em referir tudo ao prazer e à dor. Tem de ser outro, ó Torquato, o sumo bem do homem. Deixemos o deleite para os animais, os quais vós ousais citar como testemunhas na causa do sumo bem. Mas não se vêem as admiráveis obras que os próprios animais fazem sem outro guia além da sua própria natureza? Não se vê que no gerar e educar parecem propor-se outro fim que o deleitar-se, e que uns se alegram com o correr e o migrar, e que outros, congregando-se, imitam de certo modo as cidades? Vemos em algumas aves indícios de piedade, conhecimento e memória, e em muitas também disciplina. Haverá, então, nos animais alguns simulacros das virtudes humanas, distintos do deleite, e no homem não terá a virtude outra razão de ser senão o deleite, e ao homem, que tanto supera os outros animais, nada lhe terá dado a natureza de magnífico e excelso?

XXXIV

"Se tudo consistisse no deleite, muito nos superariam os animais, para os quais a terra produz por si mesma pastos diversos e abundantes, sem cultivo algum de sua parte, ao passo que a nós nos é necessário cultivar a terra com muito labor. E, todavia, não posso persuadir-me de que o sumo bem do homem e do animal seja o mesmo. Para que nos serviriam, então, tantos estudos para adquirir a ciência, tanto concurso de estudos liberais, tanto cortejo de virtudes, se nada disto se endereçasse a outro fim senão o deleite? Se nos dissessem que Xerxes[36], com tanta armada, com tão grande exército a cavalo e a pé, fazendo uma ponte sobre o Helesponto[37], abrindo uma passagem no monte Atos, viajando, digamos, a pé pelo mar e navegando pela terra, se lançou com tanto ímpeto sobre a Grécia só para colher o mel do monte Himeto[38], por certo os seus conatos pareceriam vãos e risíveis. Do mesmo modo, se nos disserem que o sábio rico e adornado de tantas e tão maravilhosas ciências e virtudes, capaz de percorrer, já não, como Xerxes, a pé o mar e com armada as montanhas, mas com o pensamento, todo o céu e toda a terra e todos os mares, não se propõe outro fim senão o deleite, diríamos que para coisa ainda mais insignificante que o mel executou tão grandes empresas. Crême, Torquato: para coisas mais altas e magníficas nascemos, e isto podemos sabê-lo pelas próprias faculdades e potências da alma, entre as quais está a memória infinita de incontáveis

---

36. Xerxes I, filho de Dario I e rei da Pérsia de 485 a 465 a.C., submeteu a Babilônia e o Egito revoltados, invadiu a Ática e assolou Atenas. Acabou, porém, por ser vencido em Salamina, e teve de fugir para a Ásia. Morreu em Susa, no Elão, assassinado por um dignitário da sua corte.
37. Antigo nome do estreito dos Dardanelos.
38. Monte da Ática, ao sul de Atenas, muito reputado pelo seu excelente mel e pelos seus mármores.

coisas, a conjectura como uma quase-adivinhação, o pudor que modera as paixões, a justiça, guardadora fiel da sociedade humana, e o firme e estável desprezo da dor e da morte para que nos lancemos aos trabalhos e arrostemos com semblante sereno os perigos. Isto no que tange à alma. Considera, agora, os membros e os sentidos, que, como as demais partes do corpo, te parecerão não só companheiros das virtudes, mas ministros seus. E não vês no mesmo corpo quantas coisas se podem antepor ao deleite, por exemplo, a força, a saúde, a agilidade, a beleza? E que me dizes da própria alma em si, na qual aqueles doutíssimos filósofos antigos supuseram haver algo de celestial e divino? Se, como dizes, o sumo bem consistisse no deleite, seria muito de desejar que passássemos os dias e as noites entre deleites, sem nenhum intervalo, movendo-se docilmente todos os sentidos num êxtase agradável. Quem, todavia, será digno de chamar-se homem, se consentir em passar um dia inteiro nessa espécie de deleites? Os cirenaicos não o recusam; os vossos são nisto mais vergonhosos, mas eles talvez mais lógicos. E, para não falar já desses primeiros princípios cuja ignorância era qualificada de afronta entre os nossos antepassados, crês tu que não só Homero, Arquíloco[39] e Píndaro[40] mas também Fídias[41], Policleto[42], Zêuxis[43] dirigiam as suas artes ao deleite? Dará mais importância um artífice à beleza das formas que um cidadão excelente à beleza das

....

39. Poeta satírico grego, de Paros, tido por inventor do verso iâmbico. Morreu em 665.

40. O mais importante dos poetas líricos gregos (518-c.438 a.C.). Os seus *Epinícios* celebram os atletas vencedores dos jogos gregos.

41. Ateniense, o mais famoso dos escultores gregos (c. 500-431 a.C.).

42. Estatuário e arquiteto grego do século V a.C., cujo Cânone, ou teoria das proporções, ele aplicou à sua estátua o *Doríforo*.

43. Pintor grego (464-398 a.C.), um dos artistas mais ilustres da Antiguidade.

ações? E qual pode ser a causa de erro tão grande e tão difundido senão que aqueles que consideram o deleite como o sumo bem não deliberam com a parte da alma em que reside a razão e o conselho, mas sim com o apetite, ou seja, com a parte inferior da alma? E pergunto-te: se existem deuses, tal qual credes vós também, como podem ser felizes, uma vez que não podem desfrutar dos deleites do corpo? E, se são felizes sem esta espécie de deleites, por que negais a mesma felicidade ao sábio?

XXXV

"Lê, amigo Torquato, os elogios não só àqueles que Homero louva, não a Ciro, não a Agesilau[44], não a Aristides, não a Temístocles, não a Filipe[45], não a Alexandre Magno, mas também aos nossos homens, aos da tua família, e ninguém verás louvado como artífice hábil em proporcionar-se deleite a si mesmo. Não dizem isto os elogios dos monumentos, como aquele que está escrito na porta Capena: 'Todos proclamam a uma só voz que este foi o varão mais ilustre do seu povo'? E julgas tu que as pessoas convieram em considerar assim Calatino[46] por ter-se distinguido na invenção de deleites? Havemos de dizer que são mancebos de excelente índole e promissores os que vemos que não serão senão escravos dos seus próprios interesses e deleites? Não vês quantas perturbações e confusões acarretarão? Desterrar-se-á o benefício, desterrar-se-á o agradecimento, que são os vínculos da concórdia, porque, se fazes um benefício por

....
44. Rei de Esparta (398-358 a.C.). Venceu os persas e os inimigos gregos de Esparta.
45. Filipe II (382-336 a.C.), rei da Macedônia de 359 a 336 e pai de Alexandre Magno.
46. Calatino foi cônsul em 258 e ditador em 249 a.C.

utilidade própria, a isto não se deve chamar benefício, mas comércio; nem deve agradecer-se o que se fez por interesse próprio, nem é possível que as virtudes permaneçam quando impera o deleite; e, se se tivesse a honestidade por algo desprezível, não haveria razão para reprovar ao sábio muitas torpezas. E, omitindo outras inúmeras razões, seria necessário que a virtude, tão dignamente louvada, fechasse agora todos os portões à teoria do deleite; isto, porém, não o esperes de mim. Entra tu mesmo na tua mente, esquadrinha todos os seus pensamentos, que ela te dirá se preferes viver gozando de perpétuos deleites e passar toda a vida sem dor, naquela tranqüilidade de que antes falavas, acrescida, se o quiseres (como outros o querem, conquanto seja impossível), daquela falta de temor que nos dizes, ou se preferes merecer o carinho do teu povo, socorrer os indigentes – ou executar os trabalhos de Hércules. E assim foi que os nossos antepassados, que nunca evitaram os trabalhos, aplicaram aos próprios deuses a duríssima palavra fadiga. Eu exigir-te-ia uma resposta, se não receasse que és capaz de sustentar que as mesmas empresas a que se lançou Hércules em benefício de todos os homens tiveram por móvel o deleite."

Quando terminei de falar, disse-me Torquato:

– Não me faltaria maneira de responder-te, mas prefiro deixar a minha causa nas mãos dos meus amigos.

– Creio – disse-lhe eu – que te referes a Síron e Filodemo[47], varões excelentes e muito doutos.

– Bem o crês – disse ele.

– Assim seja, pois, se o preferes; mais justo, porém, seria que Triário desse o seu julgamento acerca da nossa disputa.

....

47. Síron, filósofo epicurista. – Filodemo, poeta e filósofo, de que se encontraram, entre as cinzas do Vesúvio que sepultaram Herculano, fragmentos sobre o epicurismo, sobre a retórica, sobre a música etc.

– Seria antes grande injustiça – respondeu-me rindo Torquato –, porque tu não nos atacas com certa moderação, mas ele maltratar-nos-ia, ao modo dos estóicos.

– Ouro dia o farei mais resolutamente – disse Triário –, porque então estarei de posse de todos os argumentos que tiver ouvido, e porque assim não te acometerei antes que venham em teu auxílio os filósofos que dizes.

Com estas palavras teve fim o passeio e a disputa.

Livro terceiro

I

A mim me parece, amigo Bruto, que, se o deleite falasse por si mesmo e não tivesse defensores tão obstinados, teria de convir no que dissemos no livro anterior e dar-se por vencido; pois seria demasiada impudência de sua parte resistir mais tempo à virtude, ou antepor o agradável ao honesto, ou ter em mais conta essa doce satisfação do corpo e a alegria que nasce dela que a seriedade e constância do espírito. Por isso, deixemo-lo encerrado nas suas próprias fronteiras, para que os seus afagos e carícias não mais nos estorvem em tão grave disputa. Investiguemos, portanto, onde reside o sumo bem que queremos encontrar, uma vez que o deleite é algo distinto dele, e uma vez que podem dar-se quase as mesmas razões contra os que põem na indolência o sumo bem. Nós não podemos admitir que haja o sumo bem independentemente da virtude, sem a qual nada pode haver de excelente. E, assim, conquanto eu não tenha estado remisso na questão que disputei com Torquato, outra, mais grave, nos depara a doutrina dos estóicos. Tudo o que se disputa acerca do deleite não é muito sutil nem muito profundo. Os que o defendem não são agudos na disputa, e os que o contradizem não têm de responder a uma opinião difícil. O próprio Epicuro afirma que não se deve argumentar acerca do deleite, porque só os sentidos são juízes dele, juízes a quem cabe comover-nos, mas não ensinar-nos. Aquela disputa foi simples de ambas as partes. No discurso de Torquato não houve nada intricado nem tortuoso, nem o nosso deixou de ter, creio-o, bastante clareza. Ao contrário, não ignoras tu quão sutil, ou antes espinhoso, é o modo de discorrer dos estóicos. E não só entre os gregos, senão muito mais entre nós, que temos de inventar palavras e dar novos nomes a novas coisas, o que a ninguém que seja algo instruído assombrará, uma vez que toda e qualquer arte cujo uso não seja vulgar e comum terá muitos nomes novos, exclusivamente próprios desta arte. Assim, os dialéticos e os físicos usam palavras que na própria Grécia não são vulgares, e os geômetras, os músicos e os gramáticos expressam-se cada qual a seu modo. As próprias artes retóricas, que são totalmente forenses e populares, empregam no seu ensinamento palavras próprias e peculiares.

II

E, aquém destas artes elegantes e liberais, nem sequer os artífices mecânicos poderiam exercitar as suas se não se valessem de termos desconhecidos para nós e que só eles mesmos entendem. A própria agricultura, que tão longe está de toda e qualquer eloqüência, deu todavia novos nomes às coisas de que trata. Quanto mais, portanto, não deve fazê-lo um filósofo! Sim, porque a filosofia é a arte da vida, e aquele que a trata não pode tomar as palavras do fórum. É verdade que, dentre todos os filósofos, foram os estóicos os que fizeram mais inovações. Zenão, o príncipe da escola, não foi tanto inventor de coisas como de vocábulos novos. E, se tal se concedeu aos gregos, numa língua que quase todos consideram a mais rica, e se entre eles foi lícito para os homens doutos, quando tratavam de coisas ainda inexploradas, valer-se de palavras insólitas, quanto mais não se nos deve conceder a nós, que só agora, pela primeira vez, ousamos tocá-las? E pela mesma razão que já dei muitas vezes – não sem certa queixa, não tanto dos gregos como de alguns dos nossos, que querem passar por gregos antes que por latinos, porque, com efeito, não nos vence a Grécia em abundância de palavras, sendo nós, ao contrário, superiores nisto – temos de trabalhar para conseguir esta maior quantidade não só nas nossas próprias artes, mas também nas deles. E, conquanto muitas palavras gregas, que por antigo costume usamos como latinas – por exemplo, a própria filosofia, a retórica, a dialética, a gramática, a geometria, a música –, pudessem expressar-se em latim, tenhamo-las, porém, dado que as tolera o uso, por nossas. Baste isso com respeito aos nomes das coisas. Com respeito às coisas mesmas, receio muito, Bruto, que me censurem o tê-las escrito a ti, a pessoa que tanto avançou não só na filosofia, mas na melhor espécie de filosofia. Se o fizesse eu como para instruir-te, tal censura seria justa. Mas longe estou disso, e não creias que tas envio para que aprendas o que já bem conheces; se o faço, é porque muito me apraz tratar estas coisas contigo, e porque te considero o mais justo apreciador e juiz dos nossos estudos comuns. Analisa, pois, com a atenção costumeira, e julga a controvérsia que tive com teu tio, homem singular e divino. Estando eu em Túsculo, e querendo consultar alguns livros da biblioteca de Lúculo, o jovem, fui à sua casa de campo, para trazê-los eu mesmo, como costumava fazer. Ali encontrei Marco Catão, que eu não sabia que estivesse na quinta, sentado na biblioteca e rodeado de muitos livros estóicos. Sim, porque, como sabes, havia nele uma inexaurível avidez de leitura, e ele nunca podia saciar-se, razão por que, sem receio das vãs censuras do vulgo, costumava ler muitas vezes na própria cúria, enquanto se reunia o Senado, sem faltar por isso ao serviço da República, nem sequer quando parecia de todo absorto como autêntico devorador de livros que era, se é que podemos usar esta palavra para coisa tão clara. Como

ambos nos vimos inopinadamente, levantou-se de imediato. Depois, dissemo-nos aquelas coisas que todos costumamos dizer ao encontrarmo-nos:
— Como!? Tu por aqui? Sem dúvida vieste da tua quinta, e, se eu soubesse que estavas ali, teria ido ver-te.
— Ontem — respondi-lhe —, saí da cidade quando começaram os jogos e cheguei ao anoitecer. A causa de vir aqui não foi outra senão tomar emprestados alguns livros. E, em verdade, Catão, que bom será para o nosso Lúculo conhecer toda esta riqueza, uma vez que tem muito maior riqueza nos livros que nos demais primores de sua casa. Tomara que sejam os livros a sua maior recreação, ainda que propriamente deva ser ofício teu instruí-lo, para que se faça semelhante ao pai, ao nosso Cepião e a ti, que tão próximo dele estás. E não o digo sem motivo, porque muito pode em mim a memória de seu avô. Tu não ignoras como eu estimava Cepião, que se ainda vivesse, e se não me engana a minha opinião, se contaria já entre os principais da cidade. E tenho sempre diante dos olhos Lúculo, homem excelente entre todos, e muito unido a mim pela amizade e por todos os tipos de relações.
— Muito bem fazes — respondeu-me — em guardar a memória de ambos, dado que ambos te recomendaram em testamento a seus filhos, aos quais correspondes amando-os profundamente. E, com respeito ao que consideras ofício meu, por certo não o recuso; mas quero-te nele por companheiro. E acrescentar-te-ei que o menino começa a dar-nos já muitos sinais de pudor e de talento. Mas sabes a sua idade.
— Sim, sei-a — respondi —, mas, pelo fato mesmo de ser tão jovem, deve já instruir-se naquelas artes sem as quais não poderá encaminhar-se a coisas maiores. Julgo, portanto, que devemos acertar entre nós, sem tardança e de uma vez, este assunto. Sentemo-nos porém agora, se te apraz.
Assim o fizemos.

III

E então me disse Catão:
— Que livros vens buscar aqui tu, que tens tantos?
— Vim buscar — respondi-lhe — certos comentários aristotélicos que sei que há aqui, e que pretendo ler agora que estou ocioso, o que poucas vezes me sucede, como sabes.
— Como sinto — disse-me Catão — que não te tenhas inclinado para os estóicos! A ti te conviria mais que a ninguém não estimar outro bem além da virtude.
— Talvez te equivoques — disse-lhe eu — em dar novos nomes às coisas, quando, em verdade, eu penso o mesmo que tu. Os nossos pareceres estão acordes; o desacordo é só de palavras.
— De modo algum — respondeu-me. — A partir do momento em que dizes que há algo apetecível além do honesto, e digno de contar-se entre os bens, extingues a honestidade mesma, que é outro nome da virtude, e desterras absolutamente a mesma virtude.
— Magníficas são essas palavras, Catão; mas não vês que a vanglória das palavras é comum a ti e a Pírron e Aríston, que tudo igualam? Quero saber o que pensas deles.
— Queres saber o que eu penso? Eu penso que muitos varões virtuosos, fortes e moderados, que figuraram nos anais da nossa República ou conhecemos nós mesmos, e que empreenderam, sem nenhuma doutrina filosófica, seguindo tãosomente os impulsos naturais, muitas ações louváveis, foram mais bem educados pela natureza do que teriam podido ser por nenhuma filosofia afora aquela que não considera como bem senão o honesto, e como mal senão o torpe. As demais escolas filosóficas, conquanto sem dúvida umas mais que outras, mas em suma todas as que contam entre os bens ou os males coisas sem nenhuma relação com a virtude, não só não têm prestígio algum nem servem para tornar-nos melhores, mas corrompem a própria natureza. Se não se concede

que só é bom o que é honesto, de maneira alguma se pode aprovar que a vida feliz consista na virtude. E, se assim não fosse, por que nos haveríamos de dedicar à filosofia? Se o sábio pudesse ser infeliz, guardar-me-ia eu, muito, de ter em grande apreço a gloriosa e memorável virtude.

IV

– Tudo o que disseste, Catão, podê-lo-ia ter dito eu, seguindo Pírron e Aríston. Não ignoras que para estes o honesto é não só o sumo bem, mas o único bem, donde se segue o mesmo que pretendes tu, ou seja, que todos os sábios são sempre felizes. É isto o que aprovas, querendo que sigamos o parecer de tais filósofos?

– De maneira alguma – disse-me –, porque, sendo próprio da virtude escolher entre as coisas que são conformes à natureza, os que as igualam de tal modo que se inclinam igualmente a todas as partes, sem fazer nenhuma escolha, destroem de fato a própria virtude.

– Bem o dizes – respondi-lhe –, mas não fazes tu o mesmo, não considerando bom senão o que é reto e honesto, e destruindo toda e qualquer distinção entre as demais coisas?

– Assim seria se eu as destruísse; mas, em verdade, conservo-as.

– E como as conservas? Se não tens por bem senão a virtude e aquilo que dizes honesto, reto, louvável, decoroso (uma vez que todas estas palavras expressam uma mesma e só coisa), que outra coisa terás que buscar? E, se não tens por mal senão o que é desonesto, indecoroso, mau, torpe e feio (adornemo-lo também com todos estes nomes), de que outra coisa fugirás?

– Como não ignoras o que vou dizer, conquanto desejes, como vejo, escutar uma breve resposta minha, não te responderei propriamente a cada coisa que acabas de perguntar-me; antes explicarei, uma vez que estamos ociosos, e se não te parece impróprio a este lugar, toda a doutrina de Zenão e dos estóicos.

– Não me parece inoportuno – disse eu –, e muito nos servirá esta explicação para o que igualmente buscamos.

– Tentemo-lo, pois – disse ele –, ainda que este ensinamento dos estóicos tenha sempre algo de difícil e obscuro. Se na própria língua grega pareceram novos, de início, os nomes de muitas coisas que depois o costume tornou familiares e comuns, como não há de dar-se o mesmo, ou mais, em latim?

– Fácil saída tem essa dificuldade – respondi-lhe. – Se foi lícito a Zenão, quando inventava algo inusitado, dar um nome inaudito, por que não se há de consentir o mesmo a Catão? Ademais, não é necessário que traduzas palavra a palavra, como costumam fazer os intérpretes ignorantes, quando o melhor para tornar compreensível o pensamento é usar uma expressão conhecida. Eu costumo indicar com muitas palavras latinas o sentido de uma só grega quando não posso tomar outro caminho, e não obstante creio que se nos deve conceder o uso de uma palavra grega quando não nos ocorra uma latina, e que, assim como se usam os termos *ephíppia* e *acratophoro*, se devem usar também *proégmena* e *apoproégmena*, ainda que pudéssemos dizer em latim *praeposita* e *rejecta*[1].

– Bem fazes em ajudar-me, mas, quando haja termos na nossa língua, usá-los-ei sempre. No restante, tu socorrer-me-ás, quando me vejas em dúvida.

– Certamente o farei, e com muita presteza. Lança-te, portanto, à empresa, que a fortuna ajuda os audazes. E que matéria mais divina poderíamos tratar?

....
1. *Praeposita*: coisas preferidas; *rejecta*: coisas rejeitadas.

V

– Opinam os filósofos cujo parecer eu sigo que, assim que nasce um animal (pois é pela sua origem que temos de começar), a natureza cuida da sua conservação e da sua condição natural, e que ele por natureza apetece as coisas que convêm a esta conservação e se afasta das que possam causar-lhe a morte. E provo isto observando que, antes que sintam deleite ou dor, as crianças apetecem o saudável e fogem do contrário. E tal não sucederia se não amassem a sua própria conservação e não temessem a sua própria destruição. Nem seria possível que apetecessem algo se não tivessem o senso de si mesmas e com ele se amassem a si mesmas e a todas as coisas que lhes pertencem. Daí se infere que é inato o princípio do amor de si. Apesar de tudo isso, muitos dos estóicos não crêem que o deleite deva residir no amor de si. E eu me inclino muito a esta opinião, porque, se a natureza tivesse feito residir o deleite nas primeiras coisas que se apetecem, se seguiriam daí muitas coisas torpes. E suficiente argumento acerca disto é que amamos naturalmente as coisas de que necessitamos primeiramente, porque não há ninguém que, podendo ter aptas e íntegras todas as partes do seu corpo, prefira tê-las mutiladas ou degradadas pelo seu próprio uso. Com respeito àqueles primeiros conhecimentos (e, se esta palavra não te agrada ou se não a entendes bem, podemos chamá-los com os gregos *katalépseis*), julgamos que são apetecíveis em si mesmos, porque abarcam e contêm em si mesmos a verdade. E podemos observar isto nas crianças, que vemos deleitar-se sem interesse algum com os seus próprios raciocínios e invenções. Cremos, portanto, que as artes devem cultivar-se por si mesmas, seja porque há nelas algo digno de ser apetecido, seja porque constam de conhecimentos e se constituem mediante a razão. E temos aversão à concordância com o falso, e ainda mais que a todas as outras coisas que vão contra a natureza. Dos membros ou partes do corpo, uns parecem ter sido destinados pela natureza para determinado uso, como as mãos, os joelhos, os pés, e o interior do corpo, acerca de cuja utilidade tanto disputam os médicos; enquanto os outros parecem servir tão-somente de ornato, como a cauda do pavão, as penas multicolores dos pombos, as mamas e a barba dos homens. Talvez eu tenha dito com demasiada secura estas coisas, mas, se o fiz, é porque são os primeiros elementos, para os quais não cabem palavras pomposas, as quais, porém, tampouco busco.

– Já te deixarás levar a estas mesmas palavras, ao tratar de coisas mais elevadas, porque a gravidade da matéria aumenta o esplendor da oração.

– Seja como tu dizes – replicou –, mas a mim me bastam a clareza e a simplicidade, que são o melhor ornamento da verdade. E querer dar elegância a verdades de tal espécie é pueril; falar clara e simplesmente é o que compete a um homem inteligente e douto.

VI

"Continuemos, pois, e extraiamos as naturais conseqüências destes princípios. Antes de mais nada, façamos uma divisão: chamemos estimável ao que é conforme à natureza ou merece ser escolhido, por conter certo valor natural digno de estima, a que Zenão dá o nome de *axia*; e chamemos desprezível ao que é contrário ao estimável. Estabelecido, portanto, que as coisas conformes à natureza são apetecíveis em si mesmas, e que as contrárias devem ser rejeitadas, entendamos que o primeiro dever – e é por 'dever' que se traduz *kathehkon* – que tem o homem é conservar-se no estado da natureza, e o segundo, obter as coisas que são conformes a ela e rejeitar as contrárias. Segue-se, depois, uma perpétua, uma constante conformidade com a natureza, começando-se então a entender em que consiste o verdadeiro bem. A primeira coisa é, pois, a concórdia do homem com a natureza. Assim que começa a fazer uso do seu entendimento, ou seja, daquilo a que os gregos chamam *énnoia*, e percebe, digamos, a ordem e a harmonia dos deveres, passa o homem a estimá-los mais que a todas as coisas que antes amava, e acaba por entender pelo convencimento e pela razão que neles consiste o sumo bem do homem, apetecível e louvável em si mesmo. E isso se funda naquilo a que os estóicos chamam *homología*, e a que nós chamaremos harmonia, se a ti te parecer razoável. E, sendo embora este o bem a que se devem referir todas as ações honestas, e até a própria honestidade, o honesto, porém, é apetecível pelo seu próprio valor e dignidade, ao passo que das coisas naturais, por excelentes que sejam, nenhuma é apetecível em si mesma. Como, todavia, os nossos deveres têm o seu fundamento na natureza, há que referi-los ao seu princípio, sem crer porém que ele é o limite dos bens, porque as ações honestas não dependem dos primeiros impulsos da natureza, mas nascem depois, como já disse. Não obstante isso, são conformes à natureza, e levam-nos a apetecê-la muito mais que todas as coisas anteriores. E aqui devemos eliminar o erro dos que pensam que há dois bens sumos. Imaginemos um homem que deseja atirar uma lança ou uma flecha na direção que seja: o atirá-la será o fim da ação, como o é para nós o sumo bem; mas os meios que emprega para atirá-la não serão o próprio bem, do mesmo modo que os que usamos para alcançar o sumo bem não são este mesmo bem, nem se dizem apetecíveis, mas elegíveis.

VII

"Como, no entanto, tudo deve ter o seu fundamento na natureza, é necessário que dela proceda também a própria sabedoria. E, assim como amiúde acontece que aquele que foi recomendado a outro estima mais aquele a quem foi recomendado que aquele que o recomendou, assim não é de admirar que, tendo a natureza posto nas nossas mãos a sabedoria, venhamos depois a estimar mais a sabedoria que à própria natureza. E, assim como os membros nos foram dados por certa razão e para certo modo de viver, assim o apetite da alma, ao qual os gregos chamam *hormé*, não nos foi concedido para qualquer espécie de vida, mas para determinada regra e norma dela; e o mesmo se passa com a inteligência e a reta razão. E, assim como na sua arte o histrião não deve usar nenhum tipo de ação, nem na sua os dançarinos nenhum tipo de movimento, mas um movimento que seja ordenado e harmônico, assim a vida tampouco pode ser vivida de qualquer maneira, mas daquela maneira que chamamos conveniente e ordenada. Não consideramos a sabedoria semelhante à arte da navegação ou à da medicina, mas antes à arte do histrião e à arte da dança, porque estas têm em si mesmas o seu próprio fim último, sem buscá-lo fora dela. E, no entanto, há uma diferença entre a sabedoria e todas as demais artes, porque cada coisa que em cada uma destas artes é bem-feita não contém, todavia, todas as belezas que esta mesma arte encerra, ao passo que cada uma das ações retas e virtuosas, chamadas pelos gregos *katorthómata*, encerram todas as riquezas da virtude. Assim, pois, só a sabedoria é plena e perfeita em si mesma. E por isso é inexata a comparação entre o fim da sabedoria e o fim da medicina e o da pilotagem. A sabedoria abarca a magnanimidade e a justiça, e o ter o homem por inferiores a ele todas as coisas que lhe sucedem – e isso não se dá nas demais artes. Ninguém pode conceber as virtudes de que antes falávamos sem começar por crer que só duas coisas diferem entre si: o honesto e o torpe. Vejamos agora que excelentes conseqüências se deduzem destes princípios. Sendo o fim da sabedoria – chamo, como vês, fim da sabedoria, termo último ou sumo bem ao que os gregos denominam *télos*, podendo-o chamar ainda fim das ações – o viver de modo conforme e conveniente à natureza, segue-se necessariamente que todos os sábios vivem sempre em absoluta felicidade e fortuna, sem que nenhuma coisa os prejudique ou estorve, e sem que de nenhuma careça. O princípio de que o honesto é o único bem pode, certamente, ser disputado com abundância e eloqüência, e ser amplificado com palavras seletas e condimentos retóricos, mas eu prefiro as frases breves e agudas dos estóicos.

VIII

"E eles raciocinam deste modo: tudo o que é bom é louvável; tudo o que é louvável é honesto; logo, o bem é honesto. Parece-te válida esta conclusão? Sim, porque se deduz logicamente das premissas. Negam alguns que todo e qualquer bem seja louvável; mas que tudo o que é louvável é honesto, facilmente o concedem. Seria porém demasiado absurdo crer que há algum bem que não seja apetecível, ou que é apreciável o que não é louvável, ou que, sendo agradável, não deve ser amado. Logo, tudo o que é bom é também louvável e honesto. Pergunto agora: De que pode um homem gloriar-se, da vida feliz ou da infeliz? Claro está que da vida feliz. Donde se infere que só a vida feliz é digna de louvor; e o mesmo sucede com a vida honesta; logo, a vida honesta é a única vida feliz. E, como tudo o que é justamente louvado tem algum insigne mérito ou glória para que com razão se possa chamar feliz, com razão o será a vida de tal homem. Logo, se a vida feliz se mede pela honestidade, o que é honesto deve ser considerado o único bem verdadeiro. E como alguém poderá dizer-se varão de espírito constante e esforçado, ou varão forte, se não começa por persuadir-se de que a dor não é um mal? Sim, porque, assim como aquele que inclui a morte entre os males não pode deixar de temê-la, assim ninguém pode, em nenhum caso, deixar de guardar-se do que tem por mal e de evitá-lo. Afirmamos que todo e qualquer varão de espírito grande e esforçado deve desprezar e ter por nada todos os acidentes que possam sobrevir ao homem. Donde se deduz que não é mau ninguém senão quem é torpe. O varão alto e excelente, portanto, varão de espírito alto e verdadeira fortaleza, que considera inferiores a ele todas as coisas humanas, este, a quem queremos formar e a quem buscamos, deve confiar em si mesmo e na sua vida anterior e futura, e julgar bem a si mesmo, persuadindo-se de que nenhum mal pode atingir o sábio. E por isso deve entender que só é bom o que é honesto, e que viver feliz e honestamente é o mesmo que viver com virtude.

IX

"Não ignoro que houve outros pareceres entre os filósofos que puseram o sumo bem na alma; e, conquanto tais pareceres me pareçam equivocados, anteponho-os aos dos que desvincularam o sumo bem da virtude e o fizeram consistir ou no deleite, ou na indolência, ou nos princípios naturais; e aos dos que, julgando a virtude manca e imperfeita, acreditaram necessário agregar-lhe uma das três coisas que antes referimos. Mas não é menor o absurdo dos que tiveram por sumo bem a posse da ciência, negando ao mesmo tempo que houvesse alguma diferença entre as coisas; como se a felicidade do sábio consistisse em não decidir-se por um partido nem por outro ou em não antepor em nenhum momento uma coisa a outra. Assim, certos acadêmicos fizeram consistir a suprema felicidade e o fim da sabedoria em resistir ao que se vê e em negar-se formalmente à concordância. Costuma-se responder longamente a estes filósofos; eu porém creio que em coisas tão claras as longas disputas são ociosas. Pois quem não vê que, se não há diferença alguma entre as coisas que são contra a natureza e as que são conformes a ela, se anula e aniquila toda a prudência que buscamos e louvamos? Rejeitado, pois, este parecer e todos os que têm relação com ele, resta que o sumo bem consiste em viver escolhendo o que é conforme à natureza e recusando tudo o que lhe é contrário. Com respeito a todas as outras artes, quando se diz que alguma coisa é artisticamente feita, entende-se por isso uma operação exterior e uma produção posterior, o que os gregos chamam *epigennematikón*; com respeito porém ao sábio, o que é sabiamente feito é perfeito desde o início, porque tudo o que parte dele deve ser imediatamente perfeito em todos os pontos, uma vez que é nisto mesmo que reside o bem supremo que se busca. E, assim como é pecado trair a pátria, desrespeitar os pais, roubar os templos e outras muitíssimas ações, assim o são também o medo, a tristeza, a lascívia, ainda que não venham a concretizar-se. Por isso, do mesmo modo que a culpabilidade destes afetos não consiste nas conseqüências, mas sim nos princípios, tudo quanto procede da virtude é interiormente e desde o princípio bom e reto, independentemente de toda e qualquer produção exterior.

X

"Busquemos agora dar uma definição do bem tantas vezes mencionado. Todas as definições que dele se dão diferem um tanto entre si; mas tendem ao mesmo fim. Eu estou de acordo com Diógenes, que assim define o bem: o que é perfeito pela sua própria natureza. Do útil (é assim que traduzo *ophélema*) disse ele que é um movimento ou estado em perfeita harmonia com a natureza. E, assim como as idéias se formam no espírito, ou pela experiência, ou por comparação, ou por semelhança, ou pelas reflexões da razão, assim também, por estas mesmas reflexões, se forma a noção do bem, a partir da observação e comparação das coisas que são conformes à natureza. O bem, todavia, é tal, que não é por ele atingir certo grau ou adquirir certa força que o comparamos com as coisas imperfeitas nem que o chamamos bem, e sim porque a sua própria excelência intrínseca o patenteia. E, assim como o mel, conquanto seja dulcíssimo, é estimado pelo seu próprio sabor e não por comparação com outras coisas doces, assim o bem de que tratamos deve ser estimado pela sua natureza e não pela sua magnitude. Sim, a estimação não se aplica aos bens nem aos males, e nenhuma coisa muda de natureza, por mais que lhe agreguemos quanto seja. Não é, portanto, estimação a estima própria da virtude, que vale pela sua natureza, não pelo seu aumento. Mas digamos algo da perturbação do espírito que torna miserável e acerba a vida dos ignorantes. Chamam-na os gregos *páthe*, e eu poderia, interpretando esta palavra, traduzi-la por doença. Mas tal não conviria a todas as paixões, porque quem chamará doença à misericórdia ou à iracúndia, que os gregos muito apropriadamente chamam pelo nome geral de *páthos*? Apliquemos-lhes, portanto, o nome de perturbações, nome que por si mesmo já indica que se trata de afetos viciosos. Nenhuma destas paixões se move por impulso natural, e o conjunto delas se reduz a quatro espécies, ainda que cada uma delas se subdivida muito: tristeza, temor, luxúria e a que os estóicos chamam *hedoné* – nome que se aplica tanto à alma como ao corpo –, mas que eu prefiro chamar alegria, porque é uma espécie de movimento voluptuoso da alma. Não são impulsos naturais estas perturbações; antes dão demonstração e prova de leviandade. E por isso o sábio estará sempre isento delas.

XI

"Creio, com muitos outros filósofos, que tudo o que é honesto é apetecível em si mesmo. Todos os filósofos, à exceção das três escolas que separam do sumo bem a virtude, convêm nesta verdade; mas ressaltam-na mais os estóicos, que não admitem entre os bens nenhum além da honestidade. A defesa disto é muito fácil e pronta. Pois quem há ou jamais houve de tão ardorosa avareza ou de tão desenfreada cobiça que não prefira ou tenha preferido obter alguma coisa sem crime, ainda que com ele possa ou pudesse ficar impune? Se não podemos extrair nenhuma utilidade ou benefício do desejo de conhecer o que está oculto para nós e as causas que ordenam e regem o movimento dos céus, quem todavia há de tão brutos instintos ou tão rebelde às instituições da natureza que deteste o conhecimento, e não o busque ainda que sem deleite ou utilidade alguma, e absolutamente não o estime, ou quem, conhecendo os fatos, as palavras e as resoluções dos nossos antepassados, ou dos dois Cipiões, ou daquele avô meu a quem tu vives recordando, e dos demais homens esforçados e em todas as virtudes excelentes, não se encha de incrível satisfação? A quem que tenha sido educado numa família honesta e nobre não é capaz de ofender a torpeza, ainda que a ele pessoalmente não o afete? Quem pode tolerar um homem que vive impura e afrontosamente? Quem não odeia os homens sórdidos, vãos, levianos e fúteis? Se a torpeza não fosse detestável em si mesma, por que haveriam os homens de abster-se dela, até na solidão e nas trevas, senão porque lhes repugna a sua mesma fealdade? Poderíamos dar outras incontáveis razões em apoio deste parecer; mas não é necessário, porque nada está tão fora de dúvida como dizer que as coisas honestas devem ser apetecidas por si mesmas, e que igualmente as coisas torpes devem ser evitadas por si mesmas. Partindo, portanto, do princípio antes dito, de que o honesto é o único bem, havemos de inferir que é de mais estimar o fim, ou seja, o honesto, que os meios que se empregam para ele. Quando dizemos que a imprudência, a temeridade, a injustiça e a intemperança devem ser evitadas pelas suas conseqüências, não caímos em contradição com o princípio capital de que só o mal é torpe, uma vez que não nos referimos aos males do corpo, mas às ações torpes que nascem dos vícios. E eu prefiro chamar vícios a chamar malícias o que os gregos chamam *kakía*."

XII

– Que grande habilidade tens, ó Catão, para usar palavras elegantes e que expressam bem o que dizes. Dessa maneira ensinas em latim a filosofia e, por assim dizer, dás carta de cidadania ao que antes era estrangeiro em Roma e não se prestava à nossa língua, sobretudo pela sutileza das coisas e das palavras. Bem sei que há alguns que podem filosofar em qualquer língua, porque não fazem divisões nem definições, e não dizem nem pretendem seguir senão o que dita a natureza. Mas, como tratas de coisas nada obscuras, pequeno é o trabalho que tens para explaná-las. Por isso, presto-te grande atenção e encomendo à memória os novos nomes que foste dando às coisas de que trataste, para o caso de eu mesmo vir a ter oportunidade de usá-los. Creio, portanto, que puseste os vícios contrários às virtudes de maneira a mais exata e que mais convém ao propósito das nossas orações. Ao que é vituperável em si mesmo chamaste-o vício, e, de fato, da palavra vício creio que se formou a palavra vitupério. Se tivesses usado malícia para traduzir *kakíai*, o costume latino nos teria feito entender só determinado vício, ao passo que agora todo e qualquer vício se encerra num nome comum e contrário ao da virtude.

E prosseguiu Catão:

– Assentados estes princípios, nasce uma grande controvérsia, que os peripatéticos resolvem com pouco trabalho. Já sabes que a sua maneira de falar não é bastante aguda, por ignorância da dialética. O teu amigo Carnéades levou as coisas ao ponto máximo, com a habilidade extraordinária que tinha na dialética, unida à sua suprema eloqüência. Ele não deixou de sustentar nunca que, em toda esta questão do bem e do mal, a controvérsia entre os estóicos e os peripatéticos não era de coisas, mas de palavras. Ao contrário, eu julgo evidente que os pareceres desses filósofos se distinguem entre si muito mais pela doutrina que pelas palavras. E digo que é muito maior a discrepância de princípios que de palavras entre os estóicos e os peripatéticos porque os peripatéticos dizem que tudo aquilo a que eles chamam bens concorre para a vida feliz, enquanto os nossos crêem que nem o conjunto daquilo que é digno de alguma estima é bastante para tornar a vida feliz.

XIII

"Mas quem não vê com clareza que, segundo o parecer dos que contam a dor entre os males, não pode o sábio ser feliz quando o põem sob tortura? E, pelo contrário, o parecer dos que não incluem a dor entre os males leva-os a afirmar que até em meio de torturas conserva o sábio a vida feliz. E, se as próprias dores são toleradas com mais fortaleza quando são recebidas pela pátria do que por qualquer outra causa, o parecer, e não a natureza, é o que faz menor ou maior a intensidade da dor. Tampouco estamos de acordo em que haja três espécies de bens, como opinam os peripatéticos, nem podemos aprovar que seja mais feliz aquele que seja mais bem aquinhoado de bens corporais e exteriores. Os peripatéticos admitem que os bens do corpo contribuem para a vida feliz; os nossos de maneira alguma. E tampouco admitimos que a abundância dos bens que chamamos da natureza torne a vida mais feliz, ou mais apetecível, ou mais estimável – e quanto menos não contribuirá para a vida feliz a multidão dos deleites do corpo! Por certo, o saber é apetecível em si, e igualmente a saúde; mas nem por serem ambos dignos de estima valerão juntos mais que o saber separado. Ou seja, os que julgamos a saúde digna de alguma estima, mas que, todavia, não a incluímos entre os bens, não a estimamos capaz de agregar nada à virtude. Não assim os peripatéticos, segundo os quais uma ação honesta e sem dor é mais apetecível que a mesma ação com dor. A nós nos parece diferentemente – se de modo correto ou incorreto, examiná-lo-emos em seguida. Pode haver maior discordância com respeito às coisas mesmas?

XIV

"Assim como a luz do sol obscurece e apaga a luz de uma lanterna, e assim como uma gota de salmoura nada acrescenta ao mar Egeu, e assim como um óbolo não aumenta a riqueza de Creso, e assim como nada significa um passo mais ou um passo menos no caminho que vai daqui à Índia[2], assim também, sendo o fim do bem o que dizem os estóicos, toda aquela estima das coisas corporais se obscurece diante do esplendor e magnificência da virtude, e é forçoso que se desvaneça. E, assim como a oportunidade (chamo assim o que os gregos denominam *eukairía*) não se torna maior porque se dilate o tempo, dado que têm os seus limites as coisas que se dizem oportunas, assim tampouco a bondade moral (traduzo assim *katórthosis*, porque *katórthoma* significa boa ação), nem a harmonia da vida, nem o próprio bem, que implica a conformidade com a natureza, sofrem acréscimo algum. E por esta razão não parece aos estóicos mais estimável a vida feliz quando é longa do que quando é curta, valendo-se eles deste símile: assim como o mérito do

....
2. Trata-se aqui da vasta região da Ásia Meridional constituída por um triângulo que se limita ao norte pelo Himalaia e a leste pela península indochinesa.

coturno está em ajustar-se bem ao pé, sem que se devam preferir muitos coturnos a poucos nem os maiores aos menores, assim também, consistindo todo e qualquer bem na conveniência e na oportunidade, nem os muitos devem antepor-se aos poucos, nem os mais longos aos mais breves. E não é suficiente dizer: se a saúde por longo tempo é mais estimável e a de duração breve, também a utilidade da sabedoria deve ser maior quanto mais se dilate. Não compreendem os que isso defendem que a saúde, sim, se estima pelo tempo, mas a virtude pela oportunidade. De outro modo, teriam igualmente o direito de afirmar que a boa morte e o bom parto são melhores quanto mais longos. Não entendem que algumas coisas se estimem mais pela brevidade, e outras pela longa duração. E, assim, os que consideram o aumento do bem como o sumo bem ou como o mais alto dos bens terão de dizer que um homem é mais ou menos sábio que outro, ou mais ou menos reto que outro, ou, igualmente, mais ou menos faltoso que outro. Mas, para os que cremos que o sumo bem não comporta aumento, não é lícito dizê-lo. Sim, porque, assim como os que estão afogados na água não estão menos afogados quando não estão muito distantes da superfície, podendo, se fosse outra a situação, alcançá-la com leve esforço, do que quando estão já no fundo, e assim como não se pode dizer que o filhote de cão que já se aproxima do tempo em que os cães começam a ver tenha mais visão do que o que acaba de nascer, assim também aquele que está entrando no caminho da virtude ainda é tão miserável como aquele que deste caminho nem sequer se aproxima.

XV

"Parecer-te-ão estranhas estas coisas; sendo porém as suas premissas firmes e verdadeiras, estas conseqüências também o têm de ser, e não devemos duvidar da sua exatidão.

E, por mais que neguem os estóicos que as virtudes e os vícios crescem, opinam, todavia, que de certo modo se estendem e dilatam. Diógenes crê que as riquezas têm valor não só porque conduzem ao deleite e à comodidade da vida, mas também porque encerram estas mesmas coisas; mas que não sucede o mesmo com a virtude nem com as demais artes, para as quais o dinheiro pode servir, mas de modo algum contê-las. Por conseguinte, se o deleite ou a saúde se incluem entre os bens, igualmente a riqueza deve contar-se entre eles. Se, no entanto, a sabedoria é um bem, não se segue daí que tenhamos a riqueza por outro bem. Pela mesma razão, como são os conhecimentos e as noções claras das coisas que compõem as artes e despertam a maior parte dos nossos desejos, há que afirmar que as riquezas, excluídas do rol dos bens, não contêm arte alguma. E, ainda que o concedêssemos com respeito às artes, absolutamente não poderíamos concedê-lo com respeito à virtude, porque esta exige um exercício de uma intensidade que não exigem as artes, e porque supõe a estabilidade, a firmeza e a constância de toda uma vida, ao passo que nas artes não vemos suceder o mesmo. Além disso, se não estabelecêssemos uma diferença entre as coisas, confundir-se-ia toda a ordem da vida humana, como diz Arístón, e não poderíamos encontrar nenhuma ocupação nem praticar nenhuma obra se não se pudesse ter noção nem fazer distinção das coisas que pertencem à prática da vida. E por isso, após ter afirmado que só é bom o que é honesto, e que só é mau o que é torpe, estabeleceram os filósofos uma diferença entre as coisas que não conduzem nem à felicidade nem à miséria da vida, e disseram que dentre estas umas são estimáveis, outras são desprezíveis, e algumas nem estimáveis nem desprezíveis. E, dentre as coisas estimáveis, disseram que umas têm em si mesmas razão bastante para que as estimemos, como a saúde, a integridade dos sentidos, a indolência, a glória, as riquezas e semelhantes; mas que outras são destituídas de razão intrínseca para que as estimemos. E que, dentre as que não são dignas de nenhuma estima, umas têm em si mesmas razão bastante para ser rejeitadas, como a dor, a doença, a perda dos sentidos, a pobreza, a ignomínia e semelhantes; mas que outras não a têm. E por isso Zenão, que em língua tão abundante como a grega podia dar novos nomes a novos fatos, o que não podemos fazer nós nesta nossa pobre língua, ainda que tu a tenhas por tão abundante, chamou à primeira espécie *proégmenon*, e à segunda *apoproégmenon*. Para que nada fique obscuro, buscarei expressar de algum modo o sentido destas palavras de Zenão.

XVI

"Sim, porque, assim como ninguém diz que na corte de um rei é ele quem foi elevado em dignidade (e aí está o verdadeiro sentido de *proégmenon*), e sim aqueles que receberam alguma honra que os aproxima da pessoa real, assim na vida não as coisas principais, mas as secundárias, é que se chamam *proégmena*. A estas duas espécies de coisas podemos chamar, ainda, próximas ou afastadas; ou, como amiúde já fizemos, estimáveis ou desprezíveis. Entendidas as coisas, não devemos ter escrúpulos no uso das palavras. E, como do sumo bem dizemos que ocupa o primeiro lugar, é necessário que as coisas estimáveis em segundo plano não sejam nem boas nem más em grau máximo, mas sim indiferentes e de estima mediana. Eu chamo indiferentes às que os gregos chamam *adiáphoron*; e de fato não era possível que não houvesse algo intermédio e que este algo não fosse ou conforme ou contrário à natureza, nem que, portanto, havendo este algo, deixasse de haver algo estimável em si. Bem feita está, pois, esta distinção, e os estóicos ainda fazem outra para melhor expressar esta. Dizem: se supomos que temos por fim último lançar o dado de maneira que obtenha certo ponto, esta mesma maneira de lançá-lo para obter tal ponto terá algo de preferível pelo fim que se busca, mas não acrescentará nada nem pertencerá a este fim. Assim, na vida, todas as coisas dignas de ser preferidas têm uma relação direta com o fim das ações, mas absolutamente não participam da essência e da natureza do bem. Após esta distinção, os estóicos dividem os bens entre os que eles chamam *teliká* e que eu chamarei pertencentes ao sumo bem (aqui tenho de usar muitas palavras para expressar e tornar compreensível uma só); outros são os eficientes, a que os gregos chamam *poietiká*; e alguns têm ao mesmo tempo ambos estes caracteres. Na primeira espécie, encontram-se somente as ações honestas. Na dos eficientes, está a amizade. A sabedoria parece-lhes encerrar e ao mesmo tempo produzir o bem, uma vez que, por um lado, é uma ação em harmonia com a nossa natureza, razão por que pertence à primeira espécie de bens, e, por outro, provoca e produz ações honestas, razão por que se inclui também na segunda espécie.

XVII

"Dentre as coisas que nós chamamos *praeposita*, umas o são por si mesmas, outras por serem consideradas causas eficientes, e outras, enfim, por ambas as razões. Entre as que o são por si mesmas, estão, por exemplo, certos semblantes, certas posturas, certos movimentos; entre as eficientes, estão as que são apetecíveis ou recusáveis pelos seus efeitos, como o dinheiro; e entre as que são preferíveis por ambas as razões, estão, por exemplo, a integridade dos sentidos e a saúde. Com respeito à boa fama (prefiro esta expressão a 'glória' para traduzir o que os gregos chamam *eudoxía*), Crisipo e Diógenes negaram-lhe absolutamente a utilidade, sustentando que não vale a pena mover um só dedo para alcançá-la. E eu inclino-me muito ao seu parecer. Os que os sucederam, sem poder defender-se de Carnéades, ensinaram que a boa fama é em si mesma apreciável e recomendável, e que é próprio de um homem elevado e liberalmente educado querer ser aplaudido pelos pais, pelos demais parentes e por todos os homens de bem, e isto pela própria fama, não pela utilidade que dela se possa extrair; e acrescentavam que, assim como cuidamos da sorte futura dos nossos filhos, assim devemos cuidar da fama que ficará de nós após a morte, prescindindo porém de toda e qualquer utilidade. Ainda, porém, que não admitamos nenhum outro bem senão o honesto, e ainda que não incluamos entre os bens nem entre os males o cumprimento do dever, nem por isso devemos deixar de observá-lo. Explico-o. Assim como na opinião há algo provável e cujo fundamento se pode investigar, assim também há em todos os deveres algo de provável e cuja razão se pode dar, de modo que é sempre possível dar a razão de uma ação empreendida segundo determinada probabilidade. Ora, se nós definimos o dever como uma ação de que se pode dar uma razão provável, segue-se que o dever é algo intermediário que não se conta nem entre os bens nem entre os males; e, como entre tudo aquilo que não pertence nem às virtudes nem aos vícios pode haver algo que nos seja de verdadeira ajuda, não devemos desprezá-lo. Mas de fato se encontra nesta espécie intermediária aquela ação que a razão quer que se empreenda; ora, o que é feito com razão é o que chamamos dever. Vê-se, pois, por que o dever pertence à espécie de coisas que não se devem incluir nem entre os bens nem entre os males.

XVIII

"Claro está que também nesta esfera intermediária os sábios atuam, empreendendo aquelas ações que a razão quer que se empreendam, e que eles jamais se extraviam nos seus julgamentos sobre o dever. Quando se cumpre a ação a que chamamos reta, cumpre-se a perfeição do dever; e, assim como entre as ações retas incluímos, por exemplo, a de devolver um depósito conforme à justiça, será um dever o simplesmente devolver um depósito, ao passo que a adição 'conforme à justiça' não será mais que aquilo que faz reta a ação. E, como não é duvidoso que dentre as ações que chamamos intermédias umas devem executar-se e outras evitar-se, segue-se que tudo o que se faz ou diz entra na categoria comum de dever. Daí se infere que, amando-se todos naturalmente a si mesmos, tanto o ignorante como o sábio escolherão o que é conforme à sua natureza e rejeitarão o contrário. Há, portanto, um dever comum ao sábio e ao ignorante. E, como todos os nossos deveres procedem de princípios que também chamamos intermédios, entre os quais estão o cuidado da saúde e o permanecer na vida, não sem razão se diz que referimos a eles quase todos os nossos pensamentos; não obstante, se em muitos casos tem o homem, segundo a sua natureza, o dever de permanecer na vida, em muitos outros tem de proceder de modo contrário: deve deixar a vida. Donde se infere que pode ser dever do sábio deixar a vida, ainda que seja feliz, e que pode ser dever do néscio permanecer na vida, ainda que seja infeliz, porque, de acordo com as suas respectivas decisões, daí se seguirão ou aquele bem ou aquele mal de que antes falávamos. Os primeiros princípios naturais, ou os segundos, ou os contrários ficam sob o juízo e decisão do sábio, e estão-lhe sujeitos como matéria da sua sabedoria. E, assim, a razão de permanecer na vida ou de sair dela há de medir-se por todas as coisas que antes dissemos. A morte não é de buscar, nem pelos que a virtude retém na vida, nem pelos que sem virtude permanecem nela; mas muitas vezes é dever do sábio deixar a vida, ainda que seja muito feliz, e se o pode fazer oportunamente, porque isto é ter vivido conforme à natureza. E é precisamente por isso que manda a sabedoria que o sábio a deixe, se o exigir a conveniência. E, como os vícios não têm força suficiente para ser causa de morte voluntária, é claro que os néscios, que sem dúvida são os mais infelizes, têm o dever de permanecer na vida, em muitos casos conforme à natureza. E, como deixando a vida ou permanecendo nela é igualmente infeliz o néscio, a longa duração não lhe deve tornar mais detestável a vida. E por isso não sem razão se diz que os que gozam da maior parte dos bens naturais devem seguir vivendo.

XIX

"Parece disposição natural que os pais amem os filhos; e deste princípio nasceu a sociedade e comunidade do gênero humano. A isto nos persuade a própria forma e os próprios membros do corpo, que por si sós expressam o cuidado que a natureza teve com a procriação. E não é possível que a natureza tenha querido procriar e que não cuide de amar e conservar o procriado. Até nos animais se pode observar isto, e, quando vemos o trabalho a que se dão na educação da cria, parece-nos ouvir neles a voz da mesma natureza. E, assim como é claro que a natureza nos faz aborrecer a dor, assim a natureza mesma nos impele a amar o que geramos. Donde se segue também que há entre os homens certo amor natural, conforme ao qual nenhum homem pode parecer estranho a outro homem, e isto pelo simples fato de ser homem. E, assim como, dentre os membros, uns parecem nascidos somente para si mesmos, como os olhos e os ouvidos, e os outros para ajudar no uso dos demais membros, como os joelhos e as mãos, assim os animais ferozes nasceram somente para si mesmos, enquanto, pelo contrário, aquele pequeno caranguejo dito penoteiro, que se aloja na pequena ostra a que chamamos pena[3], parece avisar a todos

---

3. Penoteiro, do lat. *pinoteres*, e pena, do lat. *pina*.

os da sua espécie que se guardem, e enquanto as formigas, as abelhas e as cegonhas patentemente obram em sociedade com os da sua espécie. Muito mais ampla é tal comunidade entre os homens, e por natureza somos inclinados às juntas, às congregações, às cidades. Quanto ao mundo, crêem os filósofos que é regido pela potência divina, e que vem a ser como a cidade dos homens e dos deuses, sendo cada um de nós parte do mundo. E daí se infere que temos de antepor a utilidade comum à própria. E, assim como as leis antepõem a saúde de todos à de cada um, assim o varão bom, sábio e obediente às leis, e não-ignorante do dever civil, atenta mais à utilidade de todos que à de um só ou à sua própria. E não é mais vituperável o traidor da pátria que o que troca o interesse comum pelo interesse próprio. Donde se infere que é digno de louvor aquele que se lança à morte pela República, dando-nos testemunho de que devemos amar mais a pátria que a nós mesmos. Deve-se rejeitar aquela opinião desumana e malvada de muitos que costumam dizer que, mortos eles, nada lhes importaria que as chamas devorassem toda a terra, como diz um verso grego. O certo é que devemos cuidar até dos que ainda não nasceram.

XX

"Desta propensão da alma nascem os testamentos e as recomendações dos moribundos. E, como ninguém gostaria de passar a vida em solidão ainda que com abundância de deleites, facilmente se entende que nascemos para a congregação e para a sociedade natural dos homens. A mesma natureza impele-nos a querer favorecer a muitos, principalmente ensinando-os e dirigindo-os pelo caminho da razão e da prudência. Por isso é muito difícil encontrar quem não ensine a outro o que ele próprio sabe; portanto, somos propensos não só a aprender, mas a ensinar. E, assim como nos touros infundiu a natureza a inclinação a lutar com suprema força e ímpeto contra os leões em defesa dos novilhos, assim os homens mais fortes e corajosos, como se escreve de Hércules e de Baco, sentem natural impulso para proteger todo o gênero humano. E, quando chamamos a Júpiter Ótimo, Supremo e também Salvador, Hospitaleiro, Protetor, queremos dar a entender que a salvação dos homens está nas suas mãos. Não nos convém, todavia, quando somos abjetos e miseráveis, pedir aos deuses imortais que nos amem e protejam. Assim como usamos os membros antes de ter aprendido para que utilidade nos foram dados, assim a mesma natureza, sem dar-nos conta disto, nos leva e guia à comunidade civil; e, se assim não fosse, não haveria lugar nenhum para a justiça nem para a bondade. Os homens estão ligados pelos vínculos do direito, mas nenhum direito cabe entre os homens e os animais. E, assim, disse muito bem Crisipo que tudo foi criado por causa dos deuses e dos homens, e que estes nasceram para a comunidade e sociedade – donde os homens poderem usar dos animais sem injustiça e sem contradizer a ordem. E, sendo tal a natureza do homem que ele está unido a todo o restante do gênero humano pelo direito civil, aquele que o conserve será justo, e aquele que o rompa será injusto. E, assim como, sendo comum o teatro a todos os espectadores, se pode dizer que pertence a cada um deles o lugar que ocupa, assim na cidade e no mundo comum não se opõe o direito de todos ao direito de cada um. E, tendo nascido o homem para conservar e defender os outros homens, é conforme à sua natureza que o sábio queira governar e administrar a República; e ele, para viver conforme à natureza, deve tomar mulher e ter filhos com ela. São amores certamente santos os amores do sábio. Julgam alguns que é própria do sábio a razão e o modo de vida dos cínicos, ou que ao menos em certas ocasiões o obrigam a isto; outros, porém, não a admitem de maneira alguma.

XXI

"E, para que se conserve a sociedade, a união, a caridade do homem com os homens, convêm os estóicos em que todos os ganhos e perdas (que eles chamam *ophelémata* e *blámmata*) sejam comuns, e não só comuns, mas iguais. E, quanto às comodidades e incomodidades (que eles dizem *eukhrestémata* e *dyskhrestémata*), convêm em que sejam também comuns, mas não iguais. As coisas que aproveitam ou prejudicam são boas ou más, e portanto é necessário que sejam iguais. A comodidade e a incomodidade podem não ser iguais, porque entram na espécie relativa de que antes falávamos. Com respeito à amizade, têm-na os estóicos por necessária, porque pertence à espécie das coisas que se aproveitam; e, conquanto alguns sustentem que na amizade o sábio põe em pé de igualdade o interesse do amigo e o seu próprio interesse, e outros julguem que predomina o interesse próprio, até estes últimos confessam que é estranho à justiça, para a qual nascemos, o despojar a quem quer que seja de alguma coisa para apropriar-se dela. A filosofia que sigo exclui e proíbe a amizade e a justiça fundadas somente na utilidade. A própria utilidade que as criou poderá destruí-las e pervertê-las, e não há justiça nem amizade verdadeiras se elas próprias não são apetecíveis por si mesmas. O direito é natural, e parece coisa indigna do sábio fazer a menor injúria a outro homem. Tampouco é coisa reta fazer-se solidário das iniqüidades dos amigos; e defendem os estóicos, de modo grave e profundo, que nunca a eqüidade pode desvincular-se do útil, e que tudo o que é justo e eqüitativo é igualmente honesto, e que, reciprocamente, tudo o que é honesto é igualmente justo e eqüitativo. A estas virtudes de que tratamos agregam, ademais, a dialética e a física, e chamam virtude à primeira porque ela nos fornece a regra para não concordarmos com o falso e para não nos deixarmos surpreender por alguma capciosa probabilidade, e porque nos ensina o que devemos pensar e defender com respeito ao bem e ao mal. Sem esta arte, quem quer que seja pode afastar-se facilmente da verdade e incorrer em erro. Se em todas as coisas é viciosa a temeridade e a ignorância, com razão chamamos virtude à ciência que as desterra.

XXII

"E tampouco sem razão tributamos a mesma honra à física, porque aquele que há de viver conforme à natureza deve necessariamente começar por entender a ordem do mundo e seu regime. E não pode verdadeiramente julgar os bens e os males se não conhece a razão da natureza e da vida dos deuses e a harmonia que a natureza humana tem com a natureza universal. Sem o estudo da física, ninguém pode compreender a grande força daqueles antigos preceitos dos sábios que te mandam acomodar-te ao tempo, tomar a Deus por modelo, conhecer-te a ti mesmo e guardar em tudo a temperança. Só esta ciência nos ensina o que pode a natureza para a conservação da justiça, da amizade e das virtudes. E sem a explicação da natureza não se pode entender a razão do agradecimento que se deve aos deuses. Mas reconheço que me estendi mais do que exigia o meu propósito. Sim, é verdade que me deixei levar pelo admirável rigor desta filosofia e do seu método. Pelos deuses imortais, não te admiras deles? Que coisa há na própria natureza ou que artifícios da mão do homem há de mais elegante, de mais concatenada, de mais cimentada? Que proposição há que não convenha com a anterior? Que conseqüência que não se deduza das premissas? Que princípio que não se enlace com o que o precede, de modo tal, que, se alterares uma só letra, todo o edifício desabará? Não pode oscilar um só dos princípios sem que se abalem todos. Quão grave, quão magnífica, quão constante é a idéia que fazemos do sábio, a quem a razão dita que o honesto é o único bem por que sempre e necessariamente há de ser feliz! E com todo o rigor se lhe podem aplicar estes nomes de que costumam escarnecer os ignorantes. Com mais razão lhe chamaremos rei que a Tarquínio, que não soube reger-se a si nem ao seu povo, e que, porém, foi não só a mais justo título ditador e senhor do povo que Sila, que foi servo de três pestíferos vícios, a luxúria, a avareza e a crueldade, mas também mais rico e afortunado que Crasso, que não teria levado sem motivo a guerra além do Eufrates se não estivesse mergulhado na mais profunda miséria. E justamente diremos que, propriamente falando, todas as coisas são do sábio, porque é o único que sabe fazer bom uso delas. E chamar-lhe-emos belo, porque as linhas da alma são mais belas que as do corpo; e chamar-lhe-emos livre, porque não obedece ao domínio de ninguém, nem sequer ao das suas próprias paixões; e chamar-lhe-emos invicto, porque o seu corpo pode ser acorrentado, mas o seu espírito está sempre livre de prisões e não espera o fim da vida para julgar, no seu derradeiro dia, se foi feliz ou não, como disse sabiamente a Creso um dos sete sábios. Sim, porque, se este de fato tivesse sido feliz, a sua felicidade teria podido manter-se até na própria fogueira que lhe ergueu Ciro. Se portanto ninguém senão o sábio é feliz, e se todos os bons e sábios são felizes, que há de mais adorável que a filosofia ou de mais divino que a virtude?"

Livro quarto

I

Nem bem acabara de falar Catão, disse-lhe eu:
— Quão bem recordaste tudo, e que clareza deste às coisas mais obscuras! Não tentarei responder-te, ou levarei algum tempo para pensar a resposta, porque não é fácil tratar de uma doutrina tão laboriosamente fundada e edificada, conquanto da sua verdade eu ainda não me atreva a dizer nada.

A isto respondeu ele:
— Como te hei de conceder a dilação que pedes, se vejo que, conforme à nova lei, respondes no mesmo dia ao acusador e falas durante três horas? Nem esta causa é mais difícil que as que tu cada dia tens nas mãos. Acomete-a, portanto, não só porque já a trataram muitos, mas porque tu mesmo o fizeste em outras ocasiões, e de modo tal, que não te podem faltar agora palavras.

A isto respondi-lhe:
— Não costumo lançar-me temerariamente a combater os estóicos, e não porque eu esteja de acordo com tudo o que afirmam, mas porque mo impede a vergonha de não entender muitas das coisas que dizem.

— Confesso que algumas são obscuras – replicou Catão; – mas a obscuridade está nas coisas mesmas, e não a buscamos propositadamente.

— Mas então como, dizendo os peripatéticos as mesmas coisas, não há nenhuma palavra deles que não se entenda?
— As mesmas coisas? — replicou.
— Não consegui persuadir-te de que os estóicos diferem dos peripatéticos não nas palavras, mas nas sentenças e quanto às coisas mesmas?
— Se o tivesses conseguido, Catão, ser-te-ia fácil convencer-me totalmente do teu parecer.
— Creio tê-lo demonstrado suficientemente. Mas voltemos a ele, se te apraz; se não, falaremos disso depois.
— Por ora — repliquei-lhe — responde-me conforme ao que eu te perguntei, se não te parecer demasiado atrevimento meu.
— Fá-lo-ei como desejas, conquanto mais justo seria conceder a ambos as mesmas condições.

II

— Creio, pois, Catão, que aqueles antigos discípulos de Platão — Espeusipo[1], Aristóteles, Xenócrates[2], e depois deles Pólemon e Teofrasto — expuseram a ciência com suficiente abundância e elegância de palavras, razão por que não vejo que Zenão, discípulo de Pólemon, tivesse motivo para afastar-se dos costumes e do modo de ensinar dos anteriores, o qual contradiz de todo com o vosso. Vendo eles que somos por natureza aptos para aquelas virtudes mais insignes, por exemplo, a justiça, a temperança e outras do mesmo gênero, que eles assemelham às demais artes conquanto delas difiram em ser mais excelentes quanto à matéria, e sabendo,

---

1. Filósofo ateniense (393-339 a.C.) e sobrinho de Platão. Estudou na Academia, cuja direção assumiu após a morte do tio, e interessou-se especialmente pela doutrina pitagórica dos números.
2. Filósofo grego (406-314 a.C.) e discípulo de Platão, cuja doutrina buscou conciliar com o pitagorismo.

ademais, que estas virtudes infundem em nós amor ardoroso e apetite, e que nascemos para a congregação e sociedade do gênero humano, e que esta inclinação resplandece sobretudo nos maiores talentos, dividiram toda a filosofia em três partes, divisão que vemos conservada por Zenão. Da primeira delas, que é a que rege os costumes, não vou falar agora, porque é precisamente a raiz mesma desta questão. Qual seja o fim de todos os bens, di-lo-ei depois – agora não afirmo senão que os antigos acadêmicos e peripatéticos, que, convindo no essencial, diferiam só nas palavras, trataram grave e amplamente da ciência que nós chamamos civil e os gregos política.

III

"Como escreveram sobre a República, como sobre as leis, e quantos preceitos nos deixaram nas artes, e ainda quantos exemplos de bem dizer nas orações! Começaram por definir e dividir as coisas que eram matéria de disputa, o que também vós fazeis, conquanto não com a elegância e o brilho seus, mas com extraordinária secura. E, depois, quão magnificamente falaram de todas aquelas matérias que se prestavam à oração eloqüente e grave! Quão esplendidamente trataram da justiça, da amizade, do regime da vida, da filosofia, do governo da República, da temperança, da fortaleza, não como quem anda entre espinhos, como os estóicos, cujos discursos parecem ossos descarnados, mas conferindo grandeza às coisas magníficas e claridade às pequenas! E, assim, quão eloqüentes são as suas consolações e as suas exortações, e quantas são as suas advertências e conselhos para os varões fortes! Havia neles, como há na natureza das coisas, uma dupla maneira de dizer, porque toda e qualquer matéria de controvérsia ou carece de designação de pessoas e tempos, ou encerra uma controvérsia de fato ou de direito ou de nomes. Exercitavam-se, portanto, em uma e outra, e esta disciplina lhes deu extraordinária abundância e facilidade em ambas as espécies de locução. Toda esta maneira de dizer, ou não puderam ou não quiseram tratá-la Zenão e os seus discípulos; o certo é que a abandonaram. E, conquanto seja verdade que Cleantes e Crisipo escreveram sobre a arte retórica, os seus livros estão escritos de modo tal, que quem quisesse aprender a calar-se não deveria ler outra coisa. E, assim, tu bem sabes de que modo inventam palavras e abandonam as palavras usadas. E que proposições defendem! Consideram o mundo uma cidade. Como inflamar assim os ouvintes?! Quem não se há de rir ao ver um homem que tem domicílio em Circeu crer que o mundo todo é município seu? Esses oradores bastarão para apagar o maior dos fervores, se algum dos ouvintes chegar efetivamente a ser inflamado. E que dizer dessas mesmas afirmações de que só o sábio é rei, ditador e rico, o que explicavas tu com certa eloqüência e redondeza, porque ao fim e ao cabo aprendeste a retórica? Mas eles com que secura o dizem! Com que estreitas interrogações, que ferem como um aguilhão, discorrem acerca da virtude, que, segundo eles, basta por si para produzir a felicidade! E os que vêm escutar o seu parecer jamais se comovem, senão que voltam tal qual vieram. Em resumo, coisas talvez verdadeiras e certamente sérias não são tratadas devidamente, mas sim de modo pueril e inferior à sua gravidade.

IV

"Segue-se o método dialético e o conhecimento da natureza. Do sumo bem eu nada disse até agora, precisamente porque é o principal objeto desta disputa. Em nenhuma das duas partes tinha Zenão nada que inovar. Em ambas estão bem firmes e assentados os princípios. Que coisa terão omitido os antigos das que pertencem à dialética? Deram muitas definições e deixaram-nos artes de definir; e não só fizeram a divisão das coisas definidas, mas também ensinaram o modo de fazê-la. E trataram das proposições contrárias, e do gênero e forma de argumentação, e da maneira de deduzir as conclusões das premissas. Quanta é neles a variedade de argumentações, tão diferentes das perguntas capciosas, e como nos instam a que não nos fiemos no testemunho dos sentidos sem o da razão, nem no da razão sem o dos sentidos, em suma, a que não separemos um do outro! O que os dialéticos ensinam agora não foi já inventado e excogitado pelos antigos? E, se Crisipo ainda trabalhou muito na dialética, Zenão, por seu lado, muito menos que os seus mestres. E nem sempre os melhorou, e em algumas coisas úteis os abandonou totalmente. Sendo, portanto, duas as artes que regem a argumentação e o discurso, ensinando uma o modo de inventar e a outra o de discorrer, esta última a trataram ao mesmo tempo os estóicos e os peripatéticos. A primeira só os peripatéticos, uma vez que a abandonaram os estóicos. Os vossos nem sequer suspeitaram da existência daquele tesouro inexaurível de onde se extraem os argumentos pelos artifícios e pelo caminho que os antigos filósofos ensinaram. E por isso é forçoso aos estóicos repetir sempre servilmente a mesma explicação nos mesmos casos, e não separar-se um ponto dos comentários dos seus mestres. Ao contrário, quem saiba onde estão os lugares e fontes da argumentação, e como se podem encontrar razões, este sempre poderá sair-se bem da situação mais difícil e conservar a sua própria originalidade na disputa. E, conquanto os grandes talentos consigam, ainda que sem método, uma abundância no falar, a arte, contudo, é guia mais seguro que a mesma natureza. Uma coisa é derramar as palavras à maneira dos poetas, e outra é ordenar com razão e arte as que se vão dizendo.

V

"Algo semelhante podemos dizer da explicação da natureza, que é comum aos peripatéticos e a vós, e não pelo motivo que assinalou Epicuro, ou seja, para livrar-nos do medo da morte e da religião, mas porque o conhecimento das coisas celestiais infunde certa modéstia nos que vêem quão grandes são nos deuses a moderação e a ordem, e inspiram magnanimidade aos que contemplam as obras e ações dos deuses, e movem à justiça, por fim, aos que entendem quão reta é a vontade e quão venerando é o nume e poder do sumo autor e reitor de todas as coisas – donde a razão que rege as coisas naturais vir a ser para os filósofos a verdadeira e suprema lei. Há no conhecimento da natureza um deleite insaciável, que por si só basta para fazer-nos viver honrada e liberalmente, ainda que não nos ocupemos de outra coisa além do seu estudo. Nesta disciplina, portanto, os estóicos seguiram quase totalmente os peripatéticos, afirmando, como eles, que existem os deuses e que todas as coisas constam de quatro elementos. Quando porém chega a uma questão muito difícil, por exemplo, se existe uma quinta natureza de que proceda a razão e a inteligência, e se pergunta, ademais, a que gênero pertence a alma, diz Zenão que a alma é fogo, acrescentando a esta outras coisas semelhantes, ainda que poucas. E em outra questão, ainda mais difícil, ensina que uma mente divina, que é como a alma da natureza, rege o mundo e as suas principais partes. Encontramos, portanto, a mesma matéria entre os estóicos e os peripatéticos, mas aqui riquíssima e ali magra e murcha. Como investigaram e quantos dados recolheram os peripatéticos sobre a natureza, sobre a geração, sobre os membros e sobre as idades de todos os animais! Como discorreram sobre as coisas que nascem da terra! Quanto disseram acerca das causas de cada fenômeno natural e do modo de fazer cada demonstração! E de tudo isso podem tomar muitos e firmíssimos argumentos para explicar a natureza de cada coisa. Eu, portanto, com respeito a tudo quanto entendo, não vejo motivo para mudar os nomes. Conquanto Zenão não seguisse os seus mestres, nem por isso deixava de proceder deles. O mesmo digo de Epicuro, que na física seguiu principalmente Demócrito com poucas ou muitas alterações, mas que, em verdade, no essencial o copiou. Procedem semelhantemente os epicuristas, e certamente não são muito agradecidos aos primeiros inventores.

VI

"Sobre isto, todavia, nada mais direi. Vejamos agora, na questão do sumo bem, que novidades trouxe Epicuro e que razões o levaram a afastar-se dos seus inventores e, por assim dizer, de seus pais intelectuais. E sobretudo porque tu, Catão, explicaste com muita clareza qual é o sumo bem, segundo os estóicos, e por que se chama assim, tornarei a expô-lo eu o mais claramente que possa, para que apreciemos quais foram as novidades de Zenão. Os filósofos anteriores, e com mais clareza que nenhum Pólemon, tinham dito que o sumo bem consiste em viver conforme à natureza; mas os estóicos acrescentam que estas palavras significam três coisas: a primeira consiste em viver ordenadamente e com ciência as coisas que naturalmente sucedem. Este é o fim, segundo Catão, e como tu mesmo o disseste: viver de modo harmônico com a natureza. A segunda coisa que significam estas palavras é viver observando todos os deveres ou a maior parte deles. Assim explicado, isto difere do anterior. Sim, porque o reto pertence tão-somente ao sábio; mas o cumprimento do dever, ainda que não seja perfeito, pode caber até a alguns ignorantes. A terceira consiste em viver desfrutando de todas ou da maior parte das coisas que são conformes à natureza. Isto não depende da nossa vontade. Por conseguinte, obtém-se a perfeição naquele gênero de vida que termina na virtude, e que ademais consta de coisas que, sendo conformes à natureza, não estão em nosso poder. Este sumo bem, que na terceira significação entenderemos, e a vida que consiste na posse deste sumo bem, porque a prática da virtude vai unida a ele, não pode competir senão aos sábios, e este é o fim dos bens assinalados pelos mesmos estóicos e por Xenócrates e Aristóteles, os quais expõem quase com as mesmas palavras que tu o primitivo estado da natureza.

VII

"Toda e qualquer natureza quer ser conservadora de si mesma e da sua própria espécie. Para tal contribuem com a natureza as artes, entre as quais se encontra, como uma das primeiras, a arte de viver, que conserva e defende o que foi dado pela natureza e adquire o que lhe falta. Os mesmos filósofos dividem a natureza do homem em alma e corpo. E, sendo cada uma destas coisas apetecível em si mesma, dizem que também são apetecíveis em si mesmas as virtudes e excelências de ambas. E, como declaram a excelência da alma infinitamente superior à do corpo, antepõem igualmente as virtudes da alma aos bens corporais. E, sendo companheira e auxiliar da natureza e conservadora e guardiã de todos os homens a sabedoria, disseram eles que é ofício da sabedoria proteger o homem, que consta de alma e corpo, e desenvolver ambas as partes do indivíduo. Expostos assim, com simplicidade, estes princípios, entregam-se eles depois a muitas sutilezas, e dos bens do corpo prescindem quase de todo. Explicam melhor os bens da alma, e supõem posto em nós o fundamento da justiça. Foram eles os primeiros, dentre todos os filósofos, a dizer que é de origem e direito natural que os pais amem os filhos, e que também o é o amor conjugal, o qual é ainda anterior no tempo, e de cuja raiz nascem as relações de parentesco e amizade. A partir destes princípios, investigaram a origem e o desenvolvimento de todas as virtudes, dentre as quais está entre as primeiras a magnanimidade, com a qual se pode facilmente resistir à fortuna, estando, como estão, as coisas sob o poder do sábio. A variedade e as injúrias da fortuna, superava-as facilmente a disciplina dos antigos filósofos e a vida educada segundo os seus preceitos. Dados estes princípios pela natureza, começava depois o ampliá-los pela contemplação das verdades mais recônditas, uma vez que há um amor de ciência inato na alma, ao qual se segue a avidez de investigar as razões e de discuti-las, sendo ademais o homem o único animal que sente pudor e vergonha, o único que apetece a união social com os semelhantes, e o único que em todas as coisas que faz ou diz busca guardar honestidade e decoro. Desta semente deitada pela natureza nascem e se aperfeiçoam depois a temperança, a modéstia, a justiça e toda e qualquer honestidade.

VIII

"É este, ó Catão, o sistema dos filósofos de que falo. Desejo saber agora que razões teve Zenão para afastar-se desta antiga doutrina, ou o que aprovava nela. Desgostava-o que chamassem conservadora de si mesma a toda e qualquer natureza, ou que dissessem que todo e qualquer animal tem o natural instinto de permanecer a salvo ou incólume segundo a sua espécie, ou que, sendo o fim de todas as artes o aproximar-se o mais possível da natureza, deve dar-se o mesmo na arte da vida, ou que, compondo-se os homens de alma e corpo, devem cultivar e desenvolver ao mesmo tempo as faculdades, propriedades e excelência de ambos, ou o terá irritado que se atribuísse às virtudes do espírito tanta primazia, ou lhe terá parecido mau o que ensinavam acerca da prudência, do conhecimento das coisas, da amizade do gênero humano, da temperança, da modéstia, da magnanimidade e de toda e qualquer honestidade? Confessavam os estóicos que tudo estava já muito bem dito. Não foi nenhuma destas a causa de afastar-se Zenão. Investiguemos, portanto, que outra pode ter sido. Indubitavelmente muitos antigos tinham cometido grandes erros, os quais erros, todavia, esse ávido investigador da verdade não podia cometer de modo algum. Que coisa mais perversa, mais intolerável, mais néscia que incluir entre os bens a saúde e a indolência, a integridade dos olhos e dos demais sentidos, em vez de dizer, como, com efeito, equivocadamente se dissera, que não há diferença alguma entre essas coisas e as suas contrárias? Tudo isso que eles chamavam bens são, realmente, *praeposita* e não bens; e do mesmo modo disseram nesciamente os antigos que as excelências do corpo são apetecíveis em si mesmas, sendo porém que se devem tomar, mas não apetecer. E o mesmo haveria de entender-se também daquela vida que consiste tão-somente na virtude, uma vez que da que abunda em todas as demais coisas conformes à natureza não se deve dizer que deve ser apetecida, mas somente preferida. Sim, porque, conquanto a virtude produza uma vida feliz superior a todas, algo, no entanto, faltaria aos sábios, ainda quando são mais felizes, razão por que têm de trabalhar para afastar de si a dor, a doença e a fraqueza.

IX

"Ó força grande de engenho e causa suficiente para inventar uma nova disciplina! Daí se seguem as conseqüências que tu mesmo muito sabiamente inferiste, a saber, que a ignorância e a injustiça são vícios entre si semelhantes, e que todas as faltas são iguais, e que os homens que por natureza e doutrina avançaram muito no caminho da virtude, se porém não chegaram até o fim, se tornam infelicíssimos, e que não há nenhuma diferença notável entre a sua vida e a dos malvados, de modo que Platão, aquele tão ilustre homem, se não tivesse sido sábio, não teria vivido melhor nem mais felizmente que nenhum criminoso. Esta é a tão decantada correção e emenda da filosofia antiga, a qual emenda certamente nunca poderá penetrar na cidade, nem no fórum, nem na cúria. Não obstante isto, quem ou que poderá fazer sofrer a um homem que se considera reformador e mestre da vida prudente e sábia, e que começa por mudar os nomes das coisas e, pensando, no fundo, o mesmo que nós, altera tão-somente as palavras, sem tirar nada do fundo dos pareceres? O defensor de uma causa, quando no epílogo pede misericórdia para o réu, negará que seja mau o desterro e o seqüestro dos bens? Dirá que tais coisas são, sim, más, mas que não as devemos evitar, e que o juiz não deve ser misericordioso. Suponhamos que Aníbal se aproxima das nossas portas e atira a sua lança contra as muralhas – negarão tais filósofos que deve contar-se entre os males a vinda de Aníbal, o sermos mortos a cutiladas, o perdermos a pátria? Como pode o Senado decretar o triunfo de Cipião, o Africano, pela sua virtude ou felicidade, não se podendo dizer, todavia, que a felicidade nem a virtude pertencem a ninguém senão ao sábio? Que filosofia é essa que fala no fórum a língua de todo o mundo e que nos livros fala outra, particular, sobretudo quando as coisas permanecem intactas no essencial e toda a novidade não é senão de palavras? Que importa que digas que a riqueza e a saúde não são bens, mas *praeposita*, se aqueles que lhes chamam bens não pensam coisa diferente do que tu pensas? E assim Panécio, homem de grande talento e sério, digno do parentesco de Cipião e Lélio, não se pôs a defender, ao escrever a Quinto Tuberão sobre o modo de padecer a dor, o que antes de tudo devia ter provado, a saber, que a dor não é um mal, preferindo explicar em que consiste, e quanto há nela de estranho a nós, e qual é o modo de sofrê-la. E, conquanto Panécio fosse estóico, parece-me que implicitamente acabava por condenar essa vossa dura doutrina.

X

"Não obstante, para aproximar-me mais, ó Catão, do que disseste, vou comparar as razões que expuseste com as que prefiro às tuas. Daquelas em que convéns com os antigos nada direi, porque naturalmente as dou por concedidas; as que são matéria de controvérsia, discutamo-las, se te aprouver."

– Eu prefiro sempre raciocinar de modo sutil e, como dirias tu, estreito. Tudo o que até agora disseste é filosofia popular, e eu desejo de ti algo mais científico.

– De mim? – respondi-lhe. – Procurarei todavia fazê-lo, ainda que, se não me ocorrerem outras, não creia que abandonarei estas razões populares. Digamos, antes de mais nada, que a natureza nos infundiu o amor da conservação, isto é, o natural apetite de conservarmo-nos. Segue-se a isto o conhecer o que somos, para que nos conservemos tais como nos convém ser. Somos, portanto, homens: constamos de alma e corpo, que são modos de alguma substância, e convém-nos, como o pede o primeiro apetite natural, que amemos a alma e o corpo e que façamos residir neles o fim do sumo, do mais alto bem. Se estes princípios são verdadeiros, devemos deduzir que a felicidade consistirá em conseguir o maior número de coisas conforme à natureza. Este fim o assinalaram os antigos filósofos; e o que eles declararam com muitas palavras, eu o direi com palavras mais breves: viver segundo a natureza. Isto lhes pareceu o sumo bem.

XI

"Vejamos agora quem ensina melhor, se eles ou tu, de que maneira, a partir destes princípios, se chega ao sumo bem, ou seja, à honestidade da vida, porque a isto se reduz o viver virtuosamente ou o viver conforme à natureza, e de que modo ou por que causa prescindis vós do corpo e de tudo o que, sendo embora conforme à natureza, está porém fora do nosso poder, e, por fim, como prescindis do dever mesmo. Pergunto-vos, portanto, por que a sabedoria abandona tão prontamente estes rudimentos infundidos pela natureza. Ora, se não buscássemos o sumo bem do homem, mas o de qualquer animal, o seu bem não seria outro senão a vida mesma. Dou este exemplo para chegar mais rapidamente à verdade. Este bem, todavia, não seria o vosso, porque o animal desejaria a saúde e a indolência, e apeteceria a sua própria conservação e a de todas as suas partes, e teria por fim o viver conforme à sua natureza, ou seja, o possuir todas as coisas que são conformes a ela, ou pelo menos a sua maior parte e as melhores. Como quer que suponhamos o animal, é necessário que o pensemos com o corpo; que tenha no princípio que o anima algo semelhante aos princípios do corpo; e de modo algum poderemos imaginar para ele o sumo bem senão como o expusemos. Crisipo, expondo a diferença entre os animais, diz que uns sobressaem no corpo, outros na alma, e alguns em ambas as coisas, e depois determina que bem se deve assinalar como o bem último de cada espécie animal. E, tendo posto o homem na primeira das espécies, atribuindo-lhe a excelência da alma, faz consistir nela o sumo bem, como se o homem fosse puro espírito.

XII

"Não se poderia fazer residir exclusivamente na virtude o sumo bem senão no caso de haver algum animal reduzido a pura razão, e de esta razão não ter nenhuma condição próxima a nada da natureza – por exemplo, a saúde. Isto, no entanto, não se pode pensar sem certa intrínseca repugnância. Se se diz que algumas condições não se percebem, por serem muito pequenas, de bom grado o concedemos, e diz já Epicuro que o deleite, quando é pequeno, mal se sente e, por assim dizer, se apaga. Mas não há tantos bens corporais desta espécie, nem eles são excelentes e dilatados. E, assim, quando pela sua pequenez se obscurecem, costuma suceder que não lhes demos importância nem os consideremos nossos. Igualmente, ao sol, segundo a tua própria comparação, uma lanterna não lhe pode acrescentar nenhuma luz, nem pode um óbolo acrescentar nada ao tesouro de Cresso. Ademais, porém, e ainda que a impressão não se apague de todo, pode suceder que aquilo mesmo que nos interessa não seja grande: por exemplo, aquele que viveu feliz por dez anos, se se lhe acrescenta uma vida igualmente feliz pelo espaço de um mês, como ao fim e ao cabo entra numa nova série de momentos felizes, adquire um novo bem; mas, ainda que isto não se lhe conceda, nem por isso, naturalmente, perde a felicidade da vida. Os bens do corpo são mais semelhantes ao último exemplo que dei, e são dignos de que nos esforcemos para aumentá-los. E por isso me parece que estão escarnecendo os estóicos, quando dizem que, se à vida virtuosa se acrescenta uma gota d'água, o sábio apreciará este acréscimo, mas não será mais feliz por causa dele. Como havemos de receber isso senão com riso? Coisa ridícula seria esforçarmo-nos para acrescentar uma gota d'água! Mas salvar alguém do tormento das dores merece agradecimento máximo; e, se o vosso sábio é destroçado no potro pelos tiranos, não terá o mesmo semblante que teria se tivesse perdido uma ampulheta; antes, como quem se lança a um grande e difícil combate contra o seu principal inimigo, buscará armar-se de toda a fortaleza e paciência, defendido pelas quais entrará numa grande e árdua batalha. Não falemos, portanto, do que por ser insignificante se obscurece ou perde, mas sim do que é tão considerável que atinge um ápice. Um deleite entre muitos se perde facilmente numa vida voluptuosa; mas, por pequeno que seja, é sempre parte dessa vida. Um óbolo perde-se entre as riquezas de Creso, mas é sempre uma parte dessas riquezas. Pouco importa que na vida feliz se obscureça alguma coisa conforme à natureza; basta que seja parte da vida feliz.

XIII

"E, se concordamos em que há certo apetite natural que busca as coisas que são conformes à natureza, de todas elas deve formar-se um conjunto. E então será lícito investigar minuciosamente a magnitude e excelência de cada uma das coisas que contribuem para o viver feliz, e quais são as que pela sua pequenez quase ou totalmente se obscurecem. Por que disputar em torno do que ninguém nega? Não há ninguém que tenha sustentado que nem todos os seres existentes têm um fim a que referir o seu apetite. Toda e qualquer natureza é amante de si mesma. Há alguém que deixe de lado o cuidado de si mesmo ou de alguma parte sua, ou a conservação das suas forças, ou o movimento, o estado ou alguma das outras coisas convenientes à sua natureza? Que ser animado se esquece da sua constituição primeira? Pelo contrário, todos querem conservar a sua força, do princípio ao fim. Como é possível que a natureza humana seja a única que abandone o homem, que se esqueça do corpo e que não faça consistir o sumo bem em todo o homem, mas só em uma parte dele? Como, ao contrário do que todos vós confessais e é de absoluta evidência, será o seu fim um fim igual ao de todas as naturezas, em cada uma das quais, todavia, é o seu fim próprio o fim por excelência? Por que hesitais em reformar os primeiros impulsos da natureza? Por que seguis afirmando que todo e qualquer animal, assim que nasce, sente o instinto de amar-se a si próprio ou de ocupar-se da sua própria conservação? Por que não dizeis, antes, que ele se aplica ao que nele é mais excelente, e que só se ocupa da sua custódia, e que todas as naturezas não fazem senão conservar o melhor e mais excelente que em cada uma delas há? Como porém se há de chamar a isso o melhor, se fora dele não há outro bem? E, se há outras coisas apetecíveis, por que o fim delas não procede do apetite de todas ou da maior parte e das melhores? Assim como Fídias pode tomar a estátua começada por outro e acabá-la, em vez de fazê-la toda sua desde o princípio, assim também obra a sabedoria. Não engendrou ela o homem, mas recebeu-o já começado pela natureza, e, tendo-a sempre diante dos olhos, deve aperfeiçoar e acabar a estátua. E como a natureza faz o homem? E qual é a obra da sabedoria? Que é o que ela deve aperfeiçoar e acabar? Se nada é suscetível de perfeição fora do espírito, é necessário que o seu fim último seja ordenar a vida conforme à virtude, porque a virtude é a perfeição da razão; se porém o seu fim último não é senão o corpo, o sumo bem será a saúde, a indolência, a beleza etc. Mas agora estamos tratando do sumo bem do homem inteiro.

XIV

"Por que hesitar, portanto, em determinar o sumo bem como resultado de toda a natureza humana? É opinião corrente que todo e qualquer ofício da sabedoria consiste em melhorar o homem. Alguns filósofos, todavia, e não creias que me refiro somente aos estóicos, se empenham em pôr o sumo bem numa esfera que está fora do nosso poder, como se tratassem de algum animal. Outros, ao contrário, como se os homens não tivessem corpo, não se preocupam senão com a alma, conquanto não possamos conceber a alma mesma senão unida a um corpo; e desse modo não se contentam com a virtude, apetecendo também a indolência. É como se, abandonando a esquerda, se empenhassem na defesa da direita, ou, como fez Erilo, abraçassem o conhecimento e abandonassem a ação. E considero incompleta a opinião de todos esses filósofos que, dentre todos os bens humanos, escolhem um só, ao passo que, ao contrário, é em minha opinião perfeita e ampla a dos que, buscando o sumo bem do homem, não deixam nenhuma parte da sua alma nem do seu corpo despojada de tutela. Vós, contudo, ó Catão, como a virtude, segundo o confessamos todos, ocupa no homem o lugar mais alto e mais excelente e, como consideramos os sábios como homens perfeitos, quereis ofuscar-nos os olhos com o esplendor da virtude. Em todo e qualquer animal há certo bem supremo, por exemplo, o cavalo e o cão, que também necessitam estar sem dor e manter-se com saúde. Do mesmo modo, a perfeição do homem consiste sobretudo na virtude, que é o mais alto de que ele é capaz. Mas não me parece que considerais bem qual é o caminho e o procedimento da natureza. Não creias que o que ela faz nas plantas deixe de fazê-lo no homem, nem que, tal qual não despreza nem abandona a erva quando esta chega a espiga, despreze os nossos sentidos quando estes já chegaram à razão; não creias que por acrescentar algo deixe de conservar o que deu primeiro. E, assim, no homem, aos sentidos acrescentou a razão, mas nem por isso abandona os sentidos. Imaginemos um exemplo, como costumais fazer. Se o cultivo da videira, cujo fim é (ou imaginemos que seja) manter todas as suas partes em perfeito estado, se o cultivo da videira, digo, pertencesse à videira mesma, ela buscaria tudo o que para o perfeito estado de cada parte sua é necessário, mas preferir-se-ia a si mesma a todas as suas mesmas partes, julgando que nada mais excelente que ela própria há na planta. Do mesmo modo, os sentidos, quando se dão à natureza do homem, conservam-na, mas conservam-se também a si mesmos, e, quando se lhes acrescenta a razão, e chega esta a tal domínio que todos os elementos da natureza se sujeitam a ela, nem por isso abandona ela o cuidado e o governo das coisas da vida. E daí resulta a contradição dos estóicos. Eles pretendem, por um lado, que o apetite natural e o dever e a própria virtude dominem e conservem as coisas que são conformes à natureza. Quando, porém, por outro lado, pretendem chegar ao sumo bem, esquecem-se de tudo isto, e deixam-nos dois fins, um para ser tomado e outro para ser apetecido, em vez de encerrar os dois em um só.

XV

"Dizem eles, ademais, que a virtude não pode constituir-se como sumo bem se admitimos que contribuam para a felicidade da vida coisas alheias à mesma virtude. Mas sucede o contrário. Não se pode de modo algum conceber a virtude se tudo o que ela escolhe ou rejeita não se referir a um só fim. E, se esquecermos absolutamente tais coisas extrínsecas, incorreremos no erro de Aríston, e anularemos os mesmos princípios que assinalamos para a virtude. E, se não prescindirmos de todos, mas não os endereçarmos ao fim do sumo bem, não estaremos muito longe da ligeireza de Erilo, porque daremos dois objetivos à vida e dividiremos em dois o sumo bem, o qual, todavia, para ser verdadeiro, há de ser um só. Erro mais absurdo que todos. Vós vos contradizeis, porque a virtude absolutamente não pode existir se não corresponde aos princípios da natureza, que se encaminha para ela como para o seu fim. Não buscamos uma virtude que seja contrária à natureza, mas sim uma virtude que a aperfeiçoe. Segundo vós, no entanto, ela em parte a aperfeiçoa, em parte a esquece e abandona. E, se a natureza humana pudesse falar, ela mesma diria que já começara por apetecer-se a si mesma e conservar-se no mesmo estado que recebera no princípio. E que é o que a natureza quer? Expliquemo-lo. Que outra coisa pode querer senão que nenhuma parte sua seja abandonada? Se no homem não houvesse mais que a razão, tão-somente na virtude consistiria o fim dos bens. Mas, se além da razão existe o corpo, será necessário deixar de lado a opinião que se tinha antes desta explicação, ou confessar que o viver conforme à natureza consiste em afastar-se da natureza mesma. E, assim como alguns filósofos que, a partir dos sentidos, se elevaram a especulações mais altas e divinas e desprezaram os sentidos, assim estes, vendo a beleza da virtude, passaram a ter em menos conta tudo o que parecia alheio à mesma virtude. E, esquecidos de que o apetite segue atuando desde o princípio até o fim, entenderam que, admitindo-o, tirariam os fundamentos daquela mesma coisa tão bela e admirável.

XVI

"E por isso julgo que erraram todos os que disseram que o sumo bem consistia em viver honestamente. Uns, todavia, erram mais que os outros, e talvez mais que todos Pírron, que, afora a virtude, não admitiu que nada seja apetecível, e em seguida Aríston, que, pensando quase o mesmo, confessou, contudo, que o sábio pode apetecer algo que de súbito lhe venha à mente. Foi mais razoável que Pírron em admitir certa espécie de apetite, mas afasta-se mais que os outros do caminho da natureza. Os estóicos, pondo o sumo bem exclusivamente na virtude, aproximam-se muito destes, apesar de buscarem melhor que Pírron o princípio do dever; e são mais sensatos que Aríston, porque não admitem que a casualidade seja a regra dos nossos deveres; mas, não incluindo no sumo bem as coisas que são proporcionadas à natureza e em si mesmas apetecíveis, afastam-se do caminho natural e de algum modo não diferem muito de Aríston. Ele falava de não se sabe bem que desejos fortuitos, e os estóicos supõem certos princípios naturais, mas separam-nos do fim e do sumo bem, e, estabelecendo certa escolha entre as coisas, parecem seguir à natureza, conquanto de fato a abandonem, ao negar que tais coisas importem alguma coisa para a vida feliz. Até aqui eu disse que razões teve Zenão para afastar-se da autoridade dos filósofos antigos. Agora trataremos de tudo o mais, a não ser, Catão, que queiras objetar algo a isto ou que te tenha parecido demasiado longo o meu raciocínio."

– Nem uma coisa nem outra – respondeu ele.

– Muito bem – respondi-lhe. – Sim, porque que coisa posso eu desejar mais que disputar acerca das virtudes com Catão, mestre de todas elas? Debrucemo-nos, pois, antes de mais nada, sobre aquela prova e capital sentença vossa: o que é honesto é o sumo bem, e o viver honestamente é o fim dos bens. Esta doutrina vos é comum com todos os que fazem consistir o sumo bem exclusivamente na virtude; e, quando dizeis que não pode existir a virtude se se inclui nela algum outro princípio além do honesto, estais de acordo com os filósofos que antes mencionei. Mais razoável me pareceria que Zenão, disputando com Pólemon (com quem aprendera quais são os princípios naturais), partindo desses princípios comuns, visse de onde nasciam as causas da controvérsia e não se empenhasse em seguir os filósofos que não fazem residir na natureza humana os princípios do sumo bem, porque assim mal pôde fazer uso dos seus próprios argumentos nem invocar os seus próprios pareceres.

XVII

"E tampouco aprovo que, após terdes ensinado vós que não há outro bem senão a honestidade, torneis a dizer que são necessários certos princípios acordes à natureza, de cuja escolha há de resultar a virtude. Não vos convém fazer consistir a virtude na escolha, porque isso é como dizer que se pode obter por outro caminho o que tendes por último dos bens. Tudo o que se deve escolher, apetecer ou desejar deve residir neste sumo bem, de tal maneira que a quem o alcance nada lhe reste por desejar. Não basta que os que fazem residir o sumo bem no deleite entendam perfeitamente o que devem fazer e o que devem rejeitar, de modo que nenhum tenha dúvidas quanto ao fim a que se endereçam os seus esforços, nem quanto ao que se deve seguir e ao que se deve evitar. O mesmo sucederá se por um momento concederdes que o bem último é o que eu defendo. Logo se compreenderá quais são os deveres e quais são as ações nesta hipótese. Vós, todavia, que não vos propondes nada senão o reto e o honesto, não entendereis nunca de onde nasce o princípio do dever e da ação. Sempre os buscareis em vão tanto vós, que quereis voltar à natureza, como os pirrônicos, que dizem seguir a primeira coisa que lhes venha à mente. A vós vos responderá justamente a natureza que não é verdade que dela se tomem os princípios das ações e de outra parte o fim da vida feliz, e dirá que existe uma só razão que contém igualmente o princípio das ações e o fim dos bens. E, assim como é absurda a doutrina de Aríston, quando estabelece que não há diferença nenhuma entre uma coisa e outra, e que nada é o contrário de outra coisa senão a virtude do vício, assim também erra Zenão, que em nada além da virtude e do vício admite propensão, nem sequer mínima, à consecução do sumo bem, concedendo-lhe todavia apetite, como se esse mesmo apetite não fosse uma tendência ao bem. E que coisa mais contraditória há que, após conhecer o sumo bem, voltar à natureza, para buscar nela o princípio das ações, ou seja, do dever? A razão da ação e do dever não nos move a apetecer o que é conforme à natureza, sendo antes a mesma natureza o que move ao apetite e à ação.

XVIII

"Tratemos agora daquelas sentenças breves que referistes, e em primeiro lugar àquela brevíssima: todo e qualquer bem é louvável; tudo o que é louvável é honesto; logo, todo e qualquer bem é honesto. Oh! que argumento plúmbeo! Quem te concederá a primeira premissa? E, se te concede a primeira, não é preciso conceder-te a segunda. Sim, porque, se todo e qualquer bem é louvável, forçosamente há de ser honesto. Mas quem te concederá a primeira além de Pírron, Aríston e outros filósofos semelhantes a estes, os quais tu de modo algum aprovas? Aristóteles, Xenócrates e todos os filósofos desta família não ta concederão, porque chamam bens à saúde, à força, à riqueza, à glória, mas não as dizem louváveis. E não só não fazem consistir exclusivamente na virtude o sumo bem, mas também antepõem a virtude a todas estas coisas. E que pensas tu que farão os que separam totalmente a virtude do conjunto dos bens, como Epicuro, como Jerônimo e como os poucos que seguiram Carnéades? E, igualmente, como poderão concedê-lo Califonte ou Diodoro, que querem acrescentar à honestidade algo que seja de outro gênero? Parece-te bem, Catão, proceder, quando não vos é concedido um princípio, como se vos tivesse sido concedido e extrair dele as conseqüências que quereis? Passemos àquele sorites[3] (modo de argumentar que tendes por tão vicioso): tudo o que é bom é desejável; tudo o que é desejável é apetecível; tudo o que é apetecível é louvável etc.; mas eu detenho-me nessas primeiras proposições. Ninguém te concederá que o que é apetecível é louvável; nem tem mui-

....
3. Polissilogismo em que o atributo da primeira proposição passa a sujeito da segunda, e o atributo da segunda a sujeito da terceira, e assim sucessivamente, unindo a conclusão o sujeito da primeira proposição e o atributo da última. É, portanto, da forma: A é B, B é C, C é D, logo A é D. Mas também pode ser da forma inversa: C é D, B é C, A é B, logo A é D.

to de agudo, tendo antes, ao contrário, muito de grosseiro, o dizer que é digna de glória a vida feliz, e que não o seria se não fosse honesta. Conceder-vos-ão isto Pólemon e seu mestre e toda aquela escola e os demais que, antepondo a virtude a todas as coisas, acrescentam, porém, algo para a constituição do sumo bem? Sim, porque, se a virtude é digna de louvor, como de fato o é, e ultrapassa tanto as demais coisas que mais não se pode encarecer, poderá ser feliz aquele que esteja dotado de uma só virtude, ainda que careça das demais? Não obstante, não te concederei que além da virtude não haja nenhum outro bem. E os que excluem do sumo bem a virtude não te concederão talvez que a vida feliz tenha em si mesma nada digno de louvor. Apesar de por vezes eles considerarem o próprio deleite glorioso.

XIX

"Tu, portanto, ou dás por suposto o que não se te concede, ou o que, ainda que concedido, não te vale para nada. Em verdade, com respeito a todas essas conclusões, eu julgaria mais digno de nós e da filosofia, e uma vez que buscamos o sumo bem, corrigir a nossa vida, a nossa vontade e as nossas inclinações, antes que corrigir as palavras. A quem farão afastar-se da sua determinação todas essas sentenças breves e agudas que tanto te deleitam? Quando os ouvintes esperam e desejam saber por que a dor não é um mal, respondem-lhes os estóicos que a dor é dura, incômoda, odiosa, contrária à natureza, difícil de tolerar; mas que, não havendo nela ludíbrio, nem malícia, nem culpa, nem torpeza, não é um mal. Quem quer que ouça isto, ainda que não comece a rir, nem por isso adquirirá mais firmeza para resistir à dor. Tu negas que possa ser esforçado aquele que considere a dor um mal. E por que haverá de ser mais forte, ao saber (e isto lho concedes tu) que a dor é dura e insuportável? A timidez nasce das coisas, não das palavras. Dizes que, se se tirar uma letra das vossas doutrinas, forçosamente virá abaixo todo o edifício. Crês que eu ataco uma só letra ou todas as páginas da vossa doutrina? Conquanto tu louves os estóicos pelo seu método e pela ordem e concatenação que deram aos seus princípios, não devemos segui-los se são falsos os princípios mesmos de onde extraíram tão bem ordenadas conseqüências. No seu primeiro fundamento, o teu mestre Zenão afasta-se já da natureza; e, tendo feito consistir o sumo bem na excelência do que chamamos virtude, não admitindo nenhum outro bem senão o honesto, e tampouco admitindo que, fora da virtude, se possa dizer que uma coisa é melhor ou pior que outra, extraiu as naturais conseqüências desses princípios. Dir-me-ás que as extraiu bem; e não o posso negar; mas são tão falsas essas conseqüências como os princípios de que nasceram. Tu bem sabes que nos ensinam os dialéticos que, se as conseqüências de um princípio são falsas e absurdas, falso e absurdo deve ser o princípio de onde nascem. E, assim, é não só verdadeira mas evidente aquela conclusão dos dialéticos que chamamos princípio de contradição. Arruinadas as vossas conseqüências, arruínam-se-vos os princípios. E que conseqüências são as vossas? Todo aquele que não é sábio é igualmente infeliz; todos os sábios são felizes; todas as boas ações são iguais, todas as faltas são iguais. E, ainda que essas coisas fascinem de início, quem as admitirá depois de bem as considerar? O senso comum, a natureza e a própria verdade clamam que de modo algum se pode admitir que não há diferença entre as coisas que Zenão declara iguais.

XX

"Depois, aquele cartaginês amigo teu (porque, como sabes, os citeus, clientes teus, procederam da Fenícia), homem sem dúvida de muita agudeza, vendo perdida a sua causa por ser de todo contrária à natureza, começou a mudar as palavras, e antes de tudo concedeu que as coisas que consideramos boas são boas e conformes à natureza. E depois concedeu também que ao sábio, ainda que possua a suprema felicidade, lhe estaria perfeitamente bem possuir essas outras coisas a que ele não ousa chamar bens, mas que, confessa-o, são conformes à natureza. E negou que Platão, ainda que não fosse sábio, estivesse no mesmo caso que o tirano Dionísio. A este lhe teria sido melhor morrer por desesperança da sabedoria; a aquele viver pela esperança dela. Das faltas, disse que umas são toleráveis, outras absolutamente não; porque umas faltas são transgressões de maior número de deveres, e as outras de menor número. E dos ignorantes afirmou que uns de modo algum podem chegar à sabedoria, e que os outros, se o quiserem, podem alcançá-la. Este falava de modo diferente dos demais estóicos, mas pensava, no fundo, o mesmo que eles. E não tinha por menos dignos de estima os que negava serem bens, porque os estimam aqueles que verdadeiramente os têm por tais. Que se propôs, portanto, ao introduzir na sua doutrina tais atenuações? Indubitavelmente tirou-lhe força, e buscou ajustar-se à doutrina dos peripatéticos, de modo que parecia sentir coisa diversa do que sentiam os demais da sua escola, e não só dizê-la diversamente. E que mais dizeis da própria vida feliz, à qual tudo se refere? Negais que se entenda por vida feliz a que abunda em todas as coisas que a natureza deseja, e a pondes exclusivamente na virtude? Sendo toda e qualquer controvérsia em torno ou de coisas ou de nomes, forçosamente há de nascer ou de uma ignorância das coisas ou de um erro nos nomes. E, se não se trata de nenhuma dessas duas espécies de erro, será necessário empregar as palavras mais usadas e mais adequadas à tentativa, ou seja, as que melhor expressem o sentido buscado. Julgo, pois, que, além de não se equivocarem no essencial, os filósofos antigos eram mais exatos na expressão. Vejamos os seus pareceres, e examinemos-lhes depois as palavras.

XXI

"Dizem eles que se move o apetite da alma quando se lhe oferece algo conforme à sua natureza, e que todas as coisas que são proporcionadas a ela merecem alguma estima, e que parte delas nada tem em si da força apetitiva de que antes falávamos, razão por que não podem chamar-se honestas nem louváveis, e que outras têm força para produzir deleite em todo e qualquer animal e deleite racional no homem. Estas últimas são honestas, belas, louváveis. As anteriores são chamadas naturais e, unidas com o honesto, aperfeiçoam e completam a vida feliz. É indubitável que de todos os bens (aos quais não concedem mais estima os que os consideram bens do que Zenão, que o nega) o mais excelente é o honesto e louvável. Se porém se nos propõem dois fins honestos, um com saúde e outro com doença, não há dúvida com respeito a qual dos dois nos há de inclinar a natureza. É tal contudo a força da honestidade, e tanta a sua excelência e primazia sobre todas as coisas, que não há pena nem prêmio que baste para movê-la do que já julgou reto. E o que parece mais duro, mais difícil e contrário pode ser superado e vencido pelas virtudes com que nos adorna a natureza. E, se o digo, não é porque as demais vantagens nos pareçam fáceis e desprezíveis, e sim para que entendamos que não consiste nesses bens a maior parte da felicidade da vida. Em resumo, as que Zenão considera coisas estimáveis e acordes com a nossa natureza, os outros homens lhes chamam bens, denominando vida feliz à que consta ou de todas as coisas que eu disse, ou das melhores e mais importantes dentre elas. Zenão chama bem somente àquilo que tem valor próprio para ser apetecido, e não considera vida feliz senão a vivida virtuosamente.

XXII

"Se a disputa fosse acerca das coisas mesmas, ó Catão, não haveria nenhum desacordo entre nós. Não há nenhum ponto em que tu sintas de modo diverso do modo como sinto eu. Com palavras diferentes acabamos por dizer as mesmas coisas. E não deixou de reconhecê-lo Zenão, deixando-se porém arrebatar pela magnificência e vanglória das palavras, pois, ademais, se ele pensasse realmente o que dizia e o que significam as suas palavras, que diferença haveria entre ele e Pírron e Aríston? E, se realmente pensava como eles, por que se empenhou em afastar-se, nas expressões, daqueles com que convinha no substancial? Que dirias tu se se levantassem os platônicos e os que foram discípulos seus e te dissessem o seguinte: 'Acabamos de escutar-te, ó Marco Catão, homem virtuosíssimo, estudioso da filosofia, excelente juiz, testemunha integérrima, e admiramo-nos muito de que nos recomendasses os estóicos, que só sabem do bem e do mal o que Zenão aprendeu com Pólemon, fazendo ademais consistir a sua única originalidade nos nomes, que de início levam à admiração, mas depois ao riso. Se te dá força a autoridade, por que preferes um desconhecido a todos nós e ao próprio Platão? E isso é ainda menos desculpável em ti, que queres ser o primeiro na República, e que tantos ensinamentos poderias receber de nós para reger o seu governo com retidão e dignidade, porque nós inventamos a ciência política, e anotamos e escrevemos os seus preceitos, e discutimos os governos e estudamos as revoluções, as leis, as instituições e os costumes de todas as repúblicas e cidades. Quanto poderia ter crescido com os nossos livros a tua eloqüência, na qual sabemos que tanto sobressais, assim como sabemos que é a eloqüência tão grande ornamento dos homens políticos!'? Que lhes responderias se te dissessem tudo isso?"

– Eu te pediria que tu mesmo, que ditaste o seu discurso, lhes respondesses por mim, ou antes que me desses algum espaço para responder. Embora prefira escutar-te, respondendo a eles em outra ocasião, ou seja, quando te responda a ti.

XXIII

– Se quisesses reconhecer a verdade, Catão, terias de confessar isto: que não é que deixas de estimá-los a eles, homens de tanto gênio e tanta autoridade, mas sim que percebestes que os princípios que eles pela sua antiguidade não tinham podido conhecer, tinham-nos os estóicos esquadrinhado e descoberto, e sobre eles tinham dissertado não só com mais agudeza, como com mais firmeza. Porque em primeiro lugar negam que a saúde seja um bem apetecível, limitando-se a dizer que é preferível, e não porque seja um bem a saúde, mas sim porque merece certa estima – e realmente não deixam de estimá-la tanto como os que não hesitam em dizer que a saúde é um bem. E que tu não pudeste suportar que aqueles velhos barbudos, como dos nossos costumamos dizer, tivessem acreditado que é melhor e mais apetecível a vida daquele que, além de reger-se honestamente, está com saúde e tem riquezas e abundância que a daquele outro que, sendo igualmente bom, está oprimido, como o Alcméon de Ênio, por doenças, pelo desterro e pela pobreza. Dirás que os antigos não foram muito agudos ao chamar àquela vida a mais feliz, a mais desejável e excelente, e que os estóicos acertam ao dizê-la tão-somente preferível, porque de fato não é mais feliz, e sim mais harmônica com a natureza; e acrescentarás que os que não são sábios são todos igualmente miseráveis. Os estóicos, seguirás dizendo, entenderam o que tinha escapado aos filósofos anteriores, a saber, que os homens manchados de crimes e parricídios nem por isso são mais infelizes que os que, tendo vivido embora casta e integramente, não alcançaram ainda a perfeita sabedoria. E aqui repetirás essas singulares comparações que os filósofos da tua seita costumam usar. Sim, porque, segundo dizes, quem ignora que, se querem salvar-se muitos náufragos, estarão mais perto de respirar os que se aproximam já da superfície da água, e que, não obstante, não respirarão nem mais nem menos que os que estão no fundo? De nada serve, portanto – concluis – avançar no caminho da virtude para ser menos infeliz antes de chegar a ela. E, assim como os filhotes de cão que ainda não abriram os olhos são tão cegos como os que o são de nascimento, assim é necessário que Platão, como (segundo vós) não conseguiu possuir a perfeita sabedoria, fosse tão cego como Fálaris[4].

XXIV

"Estes não são símiles, ó Catão, e por muito que os forces acabarás por cair na mesma coisa que pretendes evitar. É verdade que ninguém respira até sair de dentro da água, e é verdade que o filhote de cão estará de início tão privado de visão como se efetivamente nunca houvesse de ver. Suponhamos, todavia, por exemplo, um cão que está com os olhos enfermos e um que adoece e fraqueja visivelmente no corpo: ambos podem restabelecer-se, e um voltar a ver e o outro recuperar as forças. Dá-se o mesmo com todos os que se dedicam à virtude: limpam-se de vícios, limpam-se de erros. Ou julgas tu, por acaso, que Tibério Graco, o pai, não foi mais feliz que o filho, tendo trabalhado aquele para conservar a República e este para destruí-la? E, no entanto, o pai não era sábio, porque quando ou onde ou com quem aprendeu? Como porém buscava a glória e a dignidade, avan-

....
4. Fálaris, tirano de Agrigento de 565 a 459 a.C., que mandava queimar as suas vítimas num touro de bronze, sendo os gemidos exalados por elas um verdadeiro deleite para ele. Os habitantes da cidade, porém, revoltados, acabaram por infligir ao tirano o mesmo suplício.

çou muito no caminho da virtude. Compara teu avô Druso com Caio Graco, que foi quase contemporâneo dele. As feridas que fazia este na República, aquele as curava. Não há nada que faça alguém tão infeliz como a impureza e o crime. Conquanto todos os ignorantes sejam infelizes, como certamente o são, não são igualmente infelizes o que vela pela saúde da pátria e o que deseja corrompê-la e pô-la a perder. Por isso os que avançam algo no caminho da virtude vão destruindo e arrancando de si o germe dos vícios. Confessam os vossos que há progressos na virtude, mas negam que por isso se desterre o vício. Há que considerar o argumento tão breve de que se valem esses homens tão agudos. Uma soma de bens pode crescer por aumentar também a dos seus contrários. À soma da virtude, todavia, nada se pode acrescentar. Por conseguinte, tampouco poderão crescer os vícios, que são o contrário da virtude. Será isso esclarecer o duvidoso com o evidente, ou confundir o evidente com o duvidoso? É verdade, sim, que os vícios são maiores em alguns homens que em outros. É duvidoso, porém, que possa aumentar aquilo a que chamais sumo bem. Vós, assim, em vez de ilustrar o duvidoso com o claro, trabalhais para confundir o certo com o duvidoso. E desse modo não podeis responder ao argumento que eu trouxe antes, porque, se negais que uns vícios são maiores que outros somente porque nada se pode acrescentar ao sumo bem que vós admitis, será forçoso modificar a noção desse mesmo sumo bem. Confessemos que, sendo falso o conseqüente, não pode ser verdadeiro o antecedente.

XXV

"E qual é a causa dessas dificuldades em que vos enredais? Outra não é senão a vossa ostentação e vanglória ao estabelecer o sumo bem. Quando afirmais que só o que é honesto é bom, desprezais o cuidado da saúde, o cuidado dos haveres, a administração da República, a ordem, os negócios, todos os ofícios da vida. Deve-se abandonar a própria honestidade, na qual fazeis consistir tudo, como argüiu Crisipo contra Aríston? De empenhos como este é que nasceram tais sofismas e falácias, como diria Ácio[5]. Donde se firmará a República se se negam todos os deveres? E claro está que se nega o dever desde o momento em que não se admite escolha e diferença entre as coisas. E que diferença cabe dentro do vosso sistema? De tais princípios saíram as conseqüências primeiras de Aríston; as suas são simples; as vossas, artificiais. Perguntarás a Aríston se lhe parecem bens a indolência, a riqueza, a saúde, e dir-te-á que não. Perguntar-lhe-ás se as coisas contrárias a estas lhe parecem males, e dir-te-á que tampouco. E, se o perguntares a Zenão, responder-te-á com as mesmas palavras. E, quando, cheios de assombro, perguntemos a um e a outro de que maneira é possível viver a vida, se absolutamente não importa que estejamos sãos ou doentes, que nos atormente ou não a dor, que possamos ou não livrar-nos da fome e do frio, responder-nos-á Aríston: vivereis de modo magnífico e excelente se fizerdes o que vos venha à mente, sem angustiar-vos nunca nem temer nem desejar nada. E que nos dirá Zenão? Que isso são monstruosidades, que desse modo não é possível viver, e que, ao contrário, há entre o honesto e o torpe imensa diferença, ainda que entre as demais coisas não haja diferença alguma. E acrescentará (escuta o restante e contém o riso, se puderes): essas coisas médias, entre as quais não há diferença alguma, são de espécies diferentes, e umas devem ser escolhidas, outras rejeitadas, e algumas desprezadas de todo; ou seja, o sábio deve querer umas, não querer outras, e a algumas não dar a mínima importância. Mas não dizias antes que não há diferença alguma entre as coisas? E agora digo o mesmo, replicarás; mas isto nada tem que ver com as virtudes e os vícios.

....
5. Lúcio Ácio (170-86 a.C.), o maior poeta trágico de Roma.

XXVI

"Que bela novidade! Nós a ignoramos? Escutemos, então, em que a fundais. Nós não chamamos bens, direis, à saúde, à riqueza, à indolência, mas as chamamos em grego *proégmena* e em latim *producta*[6] – ou *praeposita* e *praecipua*[7], termos estes que prefiro por mais toleráveis e suaves. E igualmente à pobreza, à miséria, à dor não as chamamos males, e sim coisas que devem ser rejeitadas. E, assim, não dizemos que apetecemos nem desejamos, mas sim que tomamos; e não dizemos que fugimos das coisas, mas sim que as rejeitamos. E que diz Aristóteles e os demais discípulos de Platão? Chamam bens a todos os que são conformes à natureza, enquanto aos seus contrários chamam males. Compreenderás agora que o teu mestre Zenão convém com Aríston nas palavras e difere nas sentenças, e convém com Aristóteles e os seus pares quanto à coisa mesma e difere nas palavras. Por que, estando acordes quanto às coisas, não falar de modo corrente e simples? Estarei eu mais disposto a desprezar o dinheiro se o conto entre as coisas que se devem ter do que se o incluo entre os bens, ou estarei mais forte para suportar a dor se lhe chamo coisa dura e difícil e contra a natureza do que se a conto entre os males? Com muita graça escarnecia o nosso Marco Pisão dos estóicos, e dizia-lhes o seguinte: 'Negais que sejam um bem as riquezas e julgais diminuir com isso a avareza? Se se trata de palavras, mais longo vocábulo é *praeposita* que bens. Que importa isso para a coisa mesma?, direis vós. Nada, confesso-o; mas ao menos é um termo mais empático. Não sei eu por que o bem assim se chamou; quanto a *praeposita*, creio que deriva de antepor-se a outros, e o que se antepõe às outras coisas deve de ser um bem muitíssimo grande'. E por isso dizia Pisão que dava mais importân-

---

6. Coisas preferíveis.
7. Coisas estimáveis.

cia às riquezas Zenão, que as incluía entre as *praeposita*, do que Aristóteles, que as contava entre os bens, sem, no entanto, considerá-las o bem maior e mais apetecível, mas antes muito inferior ao reto e ao honesto. E, examinando da mesma maneira todas as palavras novas introduzidas por Zenão, sustentava que aquilo a que nós chamamos bens e aquilo a que chamamos males figuram no seu sistema com nomes mais alegres ou mais tristes que os nossos. Isso dizia o nosso Pisão, que era, como sabes, grande admirador de ti. De minha parte, acrescentando muito poucas coisas, vou terminar. Seria demasiado longo responder a tudo o que disseste.

XXVII

"Com o vão prestígio das palavras fundais reinos, impérios e riquezas tantas e tais, que põem sob o domínio do sábio tudo quanto existe em todas as partes. Só ao sábio chamais belo, só a ele livre, só a ele cidadão, e, ao contrário, a todos os ignorantes os tendes por loucos. A isso chamam os estóicos *parádoxa*, nós coisas admiráveis, ainda que, se examinadas bem de perto, que têm elas de verdadeiramente admirável? E, se não o têm, esclareçamos o sentido que dais a cada palavra, e, no fundo, não haverá controvérsia alguma. Dizes que todas as faltas são iguais. Não te falarei agora disso no mesmo tom em que tu falaste quando acusavas Lúcio Murena e eu o defendia. Então perorávamos diante da multidão ignorante, e era preciso conceder algo ao auditório; agora vamos tratar a questão com mais serenidade. Por que dizes que todas as faltas são iguais?"

– Porque nem o honesto é mais honesto que o honesto, nem o torpe mais que o torpe. Prossegue, porque acerca disto há grande discordância. Antes, porém, vejamos um argumento mais forte para provar que todas as faltas são iguais. Assim como num concerto de instrumentos, se algum deles desafina e não mantém o concento, se destrói toda a harmo-

nia, assim as faltas, sendo sempre uma dissonância, desafinam todas igualmente, e por conseguinte são iguais.
– Aí há uma ambigüidade e um jogo de palavras. Podem os instrumentos desafinar, mas não é freqüente que desafinem por igual. A comparação, por conseguinte, de nada serve. E, ainda que digamos que todas as avarezas se parecem pelo fato mesmo de ser avarezas, nem por isso se segue que sejam iguais. E eis outra comparação que de fato não o é: assim como o navegador peca igualmente se deixar ir a pique um navio carregado de palha ou um navio carregado de ouro, assim também peca igualmente aquele que injuria seu pai e o que injuria seu escravo. Mas não vês tu que, com respeito ao navegador, pouco importa saber de que espécie é a carga que o barco transporta? Que transporte ouro ou que transporte palha, isso pouco importa para o bom ou mau governo do navegador. Todo o mundo, porém, pode e deve entender a diferença que há entre o pai e o escravo. E, conquanto na náutica aquela diferença pouco importe, na moral importa muito saber em que espécie se peca. Mas nas mesmas artes náuticas, se por negligência é que se perde o navio, mais grave falta é perdê-lo carregado de ouro que perdê-lo carregado de palha. Sim, porque em todas as artes humanas deve dominar a prudência, e porque devem participar dela todos os que se dedicam a qualquer arte. Nem sequer nisto se pode defender que todas as faltas sejam iguais.

XXVIII

"Não se dão porém por satisfeitos os estóicos, e seguem argumentando assim: Toda e qualquer falta é mostra de imbecilidade e de inconstância. É por isso que tais vícios são igualmente grandes em todos os néscios. Logo, é necessário que todas as faltas sejam iguais. Como é possível conceder que em todos os néscios sejam igualmente grandes os vícios, e que, por exemplo, tiveram a mesma fraqueza e inconstância Lúcio Túbulo e Lúcio Cévola, por cuja rogação foi condenado aquele, como se não houvesse diferença alguma entre as próprias coisas em que se peca, de modo tal, que, segundo sejam elas maiores ou menores, também serão maiores ou menores as faltas? E assim (porque já é hora de concluir o meu raciocínio) o grave erro em que, segundo o meu parecer, incorrem os teus amigos os estóicos consiste em querer juntar dois pareceres contrários. Que há de mais contraditório que dizer, por um lado, que só é honesto o que é bom e, por outro lado, que a natureza nos deu um apetite conveniente à vida? E, assim, por um lado, caem na doutrina de Aríston e, por outro lado, quando fogem dela, defendem o mesmo que os peripatéticos, aferrando-se, ademais, a certas palavras deles que de modo algum afastam da boca e que, por esse mesmo aferramento, acabam por transformar em palavras horrendas, ásperas e tão duras para os discursos como para os costumes. Vendo-lhes Panécio a triste e áspera doutrina, não aprovou as suas sentenças nem os espinhos da sua dialética, e foi mais temperado naquelas, e mais elegante nesta: teve sempre na boca Platão, Aristóteles, Xenócrates, Teofrasto e Dicearco[8], como se vê nos seus próprios escritos. Como todavia já anoitece e eu tenho de regressar à minha quinta, basta de disputa por ora, que em outra ocasião voltaremos a este ponto."

— E que melhor coisa podemos fazer? Peço-te porém o favor de que, num próximo dia, me escutes a refutação que farei de tudo o que me disseste. Mas lembra-te de que tu aprovas tudo o que pensamos, ainda que não nos aproves as palavras; ao passo que a mim não me parece boa nenhuma das idéias dos vossos filósofos.

— É uma pedra — disse-lhe — que pões no meu caminho; mas nos reveremos.

Dito isto, separamo-nos.

----

8. Filósofo, historiador e geógrafo do século IV a.C., nascido em Messina e discípulo de Aristóteles.

Livro quinto

I

Tendo ouvido que Antíoco estava, como é de seu costume, com Marco Pisão no ginásio a que chamam de Ptolomeu, e achando-se em minha companhia meu irmão Quinto e Tito Pompônio e Lúcio Cícero, primo meu por sangue e irmão por amor, decidimos dar um passeio de tarde na Academia, por ser tempo em que este lugar está vazio de gente. Fomos, portanto, ter com Pisão, e entre várias conversas andamos seis estádios de caminho desde o Pórtico Dípilo. E, ao chegarmos ao jardim da tão justamente célebre Academia, encontramos a solidão que desejávamos.

Disse então Pisão:

– Será efeito da natureza, ou de alguma ilusão, que nos comova mais a visão daqueles lugares que sabemos foram freqüentados por varões dignos de memória do que a audição dos seus atos ou a leitura de algum escrito seu? Eu agora não posso senão trazer à memória Platão, que sabemos costumava ensinar aqui; e os seus hortos, tão próximos deste, não só me trazem a memória dele, mas parece-me que ma põem diante dos olhos. Aqui viveram Espeusipo, Xenócrates e o seu discípulo Pólemon; o seu assento foi o mesmo que ali vemos. Igualmente, quando me encontrava na cúria (digo a de Hostília[1], não esta nova, que me parece menor desde que se tornou maior), eu costumava pensar em Cipião, em Catão, em Lélio e, especialmente, em meu avô. Tanta força tem a contemplação dos lugares, que não sem razão se fundou sobre eles a arte da memória.

E disse-lhe Quinto:

— É verdade o que dizes, Pisão. Porque eu mesmo, ao vir aqui um dia, não pude afastar os olhos daquele bosque de Colona[2] cujo habitante, Sófocles, me aparecia sem cessar no espírito. Tu sabes quanto o admiro e quanto me deleito com ele. Recordando eu as cenas em que Édipo chega a esse bosque, e aqueles suavíssimos versos em que descreve as belezas desses lugares, comoveu-me uma sombra, vã sem dúvida, mas suficiente para comover-me.

E disse Pompônio:

— Pois eu, a quem costumais maltratar por ser discípulo de Epicuro, costumava vir com Fedro, a quem tanto amo como sabeis, aos jardins de Epicuro, por onde há um momento passamos. E, ainda que, seguindo a advertência do provérbio antigo, me recorde sobretudo dos vivos, nem por isso posso esquecer-me do mestre Epicuro, cuja imagem os nossos têm não só em tábuas[3], mas também em taças e anéis.

II

Disse eu então:

— Sem dúvida o nosso Pompônio quer escarnecer, e talvez com razão. Desde que vive em Atenas, fez-se quase um ático, certamente para confirmar o seu nome. Mas eu con-

----
1. Povoado vizinho de Verona.
2. Povoado da Ática e pátria de Sófocles.
3. Ou seja, em *tabulae pictae* (quadros pintados em madeira).

venho contigo, ó Pisão, que a visão dos lugares infunde em nós um pensamento mais profundo e atento sobre os homens ilustres. Tu sabes que, quando fui a Metaponto[4] contigo, não quis voltar sem antes contemplar o lugar onde morrera Pitágoras. E agora mesmo, ainda que em todas as partes de Atenas haja muitas recordações dos grandes homens, nada me produz tanto efeito como aquela cátedra onde costumava explicar Carnéades, a quem me parecer ver presente, porque conheço bem a sua imagem, e afigura-se-me que ainda parte a sua voz daquele assento, órfão agora de tão alto espírito.

– E o nosso Lúcio – perguntou Pisão – não fez nenhuma visita como as que aqui se dizem? Não foi contemplar com deleite o lugar onde costumavam ter os seus confrontos oratórios Demóstenes[5] e Ésquines[6]? A cada um o impelem as suas próprias predileções.

Ruborizou-se Lúcio, e respondeu:

– Não mo perguntes, porque de fato fui ao porto de Faleros[7], aonde dizem que ia Demóstenes para declamar diante do fragor das ondas, para aprender a vencer-lhes com a voz o bramido. E afastei-me um pouco do caminho, à direita, para chegar ao sepulcro de Péricles. Mas de casos assim há infinitos nesta cidade; por onde quer que penetremos, pomos os pés em alguma história.

....

4. Cidade da Magna Grécia.

5. Político e orador ateniense (384-322 a.C.). Superando as deficiências físicas, tornou-se advogado e adquiriu notável talento oratório, que empregou contra Filipe da Macedônia, o qual queria dominar a Grécia e acabou por esmagar a aliança tebano-ateniense. Exilado, Demóstenes instigou ainda a insurreição dos gregos contra Alexandre Magno, e terminou por envenenar-se ante o insucesso desta.

6. Célebre orador ateniense (390-314 a.C.) e rival de Demóstenes. Foi acusado de se ter vendido a Filipe da Macedônia, cuja política defendeu em Atenas, e teve de exilar-se em Rodes, onde morreu.

7. Porto da Ática.

— Essas investigações – disse Pisão –, se servem para que imitemos os homens ilustres, são realmente úteis; se porém servirem tão-somente para renovar a recordação e a memória antiga, não passam de curiosidade. E, assim, exortamos-te todos a que imites, na medida do possível, esses homens cujas pegadas vimos seguindo.

— Muito grata me é a tua exortação a Lúcio – respondi-lhe –, que ele, aliás, já esperava.

E em seguida me disse ele muito amistosamente, como de costume:

— Cuidemos da educação deste moço, e diga-nos algo dos seus estudos filosóficos, ou para que ele te imite a ti, a quem ama, ou para que se exercite em falar com elegância acerca do que estuda. Conquanto não necessitemos exortar-te a isso, ó Lúcio, porque tu és já espontaneamente inclinado à filosofia, e parece-me que escutas com muita atenção o nosso mestre Antíoco.

E então, lutando contra o natural acanhamento ou vergonha, exclamou o moço Lúcio:

— Sim, de fato o faço. Mas sabeis algo de Carnéades? Tenho muito desejo de conhecer-lhe a doutrina. Antíoco refere-se sempre a ela, e não temos outro mestre.

III

— Eu ousaria – disse Pisão – aconselhar-te que desta nova Academia passes à antiga, na qual não se contam somente os comumente chamados acadêmicos: Espeusipo, Xenócrates, Pólemon, Crântor[8], mas também os antigos peripatéticos, dos quais o principal é Aristóteles, a quem, como

---

8. O filósofo que, juntamente com Pólemon e Crátetes, alterou profundamente a orientação da escola de Platão.

a Platão, eu não hesitaria em chamar príncipe da filosofia. Dedica-te, portanto, a eles, peço-te. Nos seus escritos e doutrinas pode-se aprender toda a ciência liberal, toda a história, toda e qualquer doutrina elegante; e é tal a variedade das artes que ensinam, que sem estes instrumentos ninguém pode empreender nenhum estudo sólido nem lançar-se a nenhuma empresa digna de memória. Da sua escola saíram oradores, generais, principais da República; e, descendo a coisas menores, a sua escola foi, por assim dizer, uma oficina de todo o gênero de matemáticos, músicos, poetas e até médicos.

A isto disse eu:

– Tu já sabes, Pisão, que tenho opinião igual à tua, e alegro-me de que tenhas aceitado esta questão, porque o meu querido Lúcio deseja saber qual é a doutrina dos antigos acadêmicos e dos peripatéticos acerca do sumo bem. E cremos que tu podes muito facilmente expô-la, já que por muitos anos tiveste em tua companhia Estáseas, o Napolitano[9], e te dedicaste em Atenas a escutar as lições de Antíoco.

– Ora, ora! Que habilidade tiveste para fazer-me começar a falar! Com que habilidade fizeste que seja eu o primeiro a falar! Exporemos a este moço o que saibamos. Esta solidão é adequada para isso, ainda que, se um deus mo tivesse dito, dificilmente teria chegado eu a crer que algum dia viria à Academia para disputar como filósofo. Mas não quero ser agradável a este moço e molesto para vós.

– A mim, que to roguei?!

Quinto e Pompônio uniram os seus rogos aos meus, e então começou a falar Pisão. Preste atenção aos seus raciocínios, Bruto, e verás que acertou no compendiar a doutrina de Antíoco, à qual, segundo creio, te inclinas muito tu, que amiúde escutaste seu irmão Aristoe.

....
9. Filósofo peripatético.

IV

E explanou desta maneira:

— Já indiquei, com muita brevidade, em que reside a vantagem da elegância que encontro na disciplina dos peripatéticos; esta escola, todavia, como todas, tem um triplo modo de ensinar. Cultiva a ciência da natureza, a do raciocínio e a da vida. A natureza investigaram-na tanto, que, digamo-lo à maneira dos poetas, não deixaram por percorrer parte alguma do céu, nem do mar, nem da terra. E, quando falaram dos princípios das coisas e da ordem do mundo, demonstraram muitas verdades não só com argumentos prováveis, mas também com razões matemáticas e necessárias, e recolheram imenso material de investigação que nos conduz ao conhecimento dos princípios mais ocultos. Aristóteles descreve-nos a origem, os hábitos, as formas de quase todos os animais. Teofrasto, a natureza das plantas e de quase todas as coisas que nascem da terra. E com tais conhecimentos se torna mais fácil a investigação de matérias ainda mais recônditas. Na arte de discorrer não incluíram só a dialética, mas também a arte da oratória; e Aristóteles, príncipe da escola, ensinou-nos a sustentar o pró e contra acerca de cada questão, não como Arcesilau, sempre pronto a disputar contra qualquer proposição, ainda que fizesse ressaltar tudo o que se pudesse dizer de ambas as partes acerca de todas as classes de matérias. E, nas partes da filosofia que dizem respeito aos preceitos da vida, não se limitaram à vida privada, mas abarcaram também o governo da República. Por Aristóteles conhecemos os costumes, as instituições, os governos de quase todas as cidades da Grécia e dos bárbaros; por Teofrasto conhecemos também as suas leis. E, tendo ambos ensinado que tipo de homem deve ser o principal na República, e tendo discutido, ademais, o melhor estado da República, investigou Teofrasto como ela devia governar-se em circunstâncias e momentos difíceis. Deram primazia a um modo de vida tranqüilo, sossegado, dedicado quase totalmente à contemplação e ao conhecimento. Tal vida, por ser tão semelhante à dos deuses, parecia também a mais digna do sábio. E sobre tudo isto falaram com grande esplendor e elegância.

V

"Como acerca do sumo bem escreveram dois tipos de livros, uns populares, que chamavam *exohterikon*, e outros, mais aprofundados e limados, que ficaram entre os seus comentários, não parecem dizer sempre o mesmo, ainda que, no fundo, quase não haja variação nem discordância entre os filósofos que mencionei. Quando todavia se trata da vida feliz, e isto é a única coisa que deve buscar a filosofia, e quando se pergunta se está toda em poder do sábio, ou se pode vacilar e cair na adversidade, parecem eles variar entre si e hesitar um pouco mais. Para isso contribuiu muito o livro de Teofrasto acerca da vida feliz, no qual se concede tanto à fortuna, que, se ele tivesse razão, a sabedoria não seria bastante para fazer a vida feliz. Esta opinião me parece mais frouxa e tênue que o que pede a força e gravidade da virtude. Por isso, sigamos não só Aristóteles, mas também seu filho, cujos excelentes livros sobre as virtudes atribuem alguns ao próprio Aristóteles, embora eu não entenda por que o filho não pode ter seguido as pegadas do pai. Sigamos também, em muitos casos, Teofrasto, desde que tenhamos mais firmeza e robustez que ele com respeito à virtude. Contentemo-nos com estes filósofos, porque os posteriores a eles, ainda que melhores, na minha opinião, que os de outras escolas, degeneraram tanto, que mal parece terem derivado dos primeiros. Imediatamente após Teofrasto, quis Estráton[10] ser chamado o físico, e realmente foi físico in-

---

10. Estráton de Lâmpsaco (c. 335-268), físico e peripatético grego.

signe e introduziu muitas novidades, mas nenhuma na doutrina dos costumes. Lico[11] é abundante na linguagem, mas demasiado pobre na substância; Aríston, fácil e elegante, nunca teve porém a gravidade que se deseja num filósofo insigne. Os seus escritos são muitos e muito discretos, mas, e não sei por quê, parece que os seus discursos carecem de autoridade. Poderia calar acerca de muitos outros, entre os quais o douto e sábio Jerônimo, a quem não sei por que razão devo chamar peripatético. Teve por sumo bem a indolência. Quem dissente na questão do sumo bem, este dissente em todos os métodos filosóficos. Critolau[12] quis imitar os antigos, e por certo se parece com eles na gravidade, e o seu modo de falar é abundante; mas conserva as tradições da sua pátria. Diodoro, discípulo seu, acrescentou à honestidade a indolência. Também este é muito independente, e, divergindo na questão do sumo bem, mal lhe podemos chamar peripatético. O nosso Antíoco parece ter seguido com muita diligência o parecer dos antigos, que, segundo ele próprio, foi o mesmo em Aristóteles e em Pólemon.

VI

"Considero muito prudente o comportamento do nosso Lúcio, que antes de tudo quer conhecer a fundo esta questão do sumo bem, porque, tendo-a uma vez resolvida, já se pode dizer que domina toda a filosofia. Em outras matérias, quando se omite ou ignora algo, isso não implica maior mal que o que consiste na importância mesma da coisa que se ignora. Se todavia ignoramos o sumo bem, é forçoso que ignoremos o método de vida, donde se seguem tantos erros, que

---

11. Filósofo peripatético.
12. Filósofo peripatético do século II a.C., o qual, embaixador em Roma com Carnéades em 155, teve como auditor Cipião Emiliano, o Segundo Africano.

não encontramos porto onde refugiar-nos. Mas, conhecidos os princípios das coisas e o fim último dos bens e dos males, conhecemos já o caminho da vida e o fundamento de todos os deveres. Há portanto um ponto a que referir tudo, e de que podemos partir para encontrar o método do bem viver que se apetece. Não obstante, onde se encontra tal ponto é uma séria questão. Podemos fazer a divisão de Carnéades, que amiúde emprega o nosso Antíoco. E ele não só viu com muita clareza quantos tinham sido até então os pareceres dos filósofos sobre a felicidade humana, mas também quantos podia haver em termos absolutos. Negava que houvesse qualquer arte que procedesse por si mesma. Há sempre algo extrínseco que entra nas artes. Não é necessário explicá-lo com longos exemplos. É evidente que nenhuma arte se encerra no seu próprio círculo, sendo uma coisa a arte mesma, e outra o seu propósito. E, assim como a medicina é a arte da saúde e a náutica é a arte da navegação, assim a prudência é a arte do viver, razão por que é necessário que proceda de outra coisa e que tenha um propósito distinto dela própria. É doutrina absolutamente corrente que o objeto da prudência, o fim que ela busca, tem de ser conforme e adequado à natureza, e de modo tal, que por si mesmo desperte este apetite da alma que os gregos chamam *hormé*. Mas que é o que desta maneira move e que a natureza apetece desde o primeiro momento, isto não está suficientemente averiguado, e sobre isto se disputa longamente entre os filósofos, quando se procura o sumo bem. Devemos buscar o fundamento destes primeiros estímulos na natureza, e daí resultará, como de princípio capital, toda a doutrina do sumo bem e do sumo mal.

VII

"Uns dizem que os primeiros movimentos da nossa natureza são o apetite do deleite e a repulsa da dor; outros têm como a primeira coisa que se apetece a indolência, e como a primeira coisa que se rejeita a dor. A estes se seguem outros, que chamam primeiros aos princípios naturais, entre os quais relacionam a saúde, a conservação de todas as partes, a integridade dos sentidos, a indolência, a força e a beleza, que são para a alma como vislumbres e sementes das virtudes. Nos três sistemas, como sempre, há de ser uma só a primeira coisa que move a natureza a apetecer ou a rejeitar, e não pode haver nenhum outro sistema além destes; é sempre necessário que nos refiramos a alguns destes três princípios, e que a prudência, que dissemos ser a arte da vida, comece e tenha origem em um destes três fundamentos. Segundo o parecer que se adote acerca do primeiro impulso, o apetite da natureza será também a razão do reto e do honesto. E declararemos honesto já o fazer todas as coisas pelo deleite, ainda que este não se alcance, já o evitar a dor, ainda que isto não se possa conseguir, já o obter as coisas que são conformes à natureza. Por isso, quanta diferença haja com respeito aos princípios naturais, tanta e maior divergência haverá com respeito ao fim dos bens e dos males. Outros, partindo dos mesmos princípios, referem todos os deveres ou ao deleite, ou à indolência, ou à conformidade com a natureza. E, expostos já os seis pareceres acerca do sumo bem, direi que dos três últimos foram cabeças Aristipo, do parecer do deleite; Jerônimo, do da indolência; e Carnéades, do dos desfrutes conformes à natureza, ainda que, propriamente falando, Carnéades não tenha sido o autor deste parecer, mas seu defensor por gosto de disputar. Dos outros três, um foi defendido com veemência. O fazer todas as coisas pelo deleite, ainda que tal não se consiga, e que o deleite seja tanto o mais apetecível como honesto e bom em si, este ninguém o defende. Nem ninguém crê que o querer evitar a dor, ainda que isto não se alcance, constitua em si a felicidade.

VIII

"Seis são, portanto, os pareceres primitivos acerca do sumo bem e do sumo mal; dois sem defensores, quatro defendidos. Pareceres compostos e duplos houve somente três; nem podia haver mais, se se atenta à natureza íntima das coisas. Sim, porque ou se acrescenta o deleite à honestidade, como quiseram Califonte e Dinômaco, ou se lhe acrescenta a indolência, como Diodoro, ou, ainda, o princípio da natureza, como os antigos que chamamos acadêmicos e peripatéticos. Como, no entanto, não se pode tratar tudo a um só tempo, por ora prescindiremos do deleite, uma vez que nascemos para coisas maiores. Da indolência pode-se dizer o mesmo que do deleite." E, Bruto, já que disputamos em torno do deleite com Torquato, e em torno da honestidade, na qual os estóicos fazem residir todo o bem, com Catão, bastará recordar os argumentos que argüimos contra os deleites vis, uma vez que valem também contra o sistema da indolência. "Tampouco temos de buscar outros argumentos contra as sentenças de Carnéades. Sim, porque, como quer que se exponha o sumo bem, se se trata de algo independente da honestidade, nem os deveres, nem as virtudes, nem as amizades podem fundar-se em semelhante razão. Com respeito às teorias que unem à honestidade o deleite ou a indolência, elas tornam torpe a mesma honestidade que pretendem abraçar. Ao referir o fim das ações a essas coisas pertencentes à parte inferior da nossa natureza, obscurecem todo o esplendor da honestidade, ou melhor, dissolvem-na. Quanto aos estóicos, tendo eles seguido em tudo os peripatéticos e os acadêmicos, empenharam-se exclusivamente em variar os nomes. Por seu turno, a segurança e a tranqüilidade de espírito ensinadas por Demócrito devem afastar-se desta disputa, já que a tranqüilidade de espírito, que os gregos chamam *euthymía*, constitui por si só a vida feliz, e já que nos perguntamos não o que é a felicidade, mas de onde procede. Condenados e abandonados já como estão os pareceres de Pírron, de Aríston e de Erilo, não podem eles entrar no círculo que traçamos. Sim, porque nascendo embora toda esta questão do sumo bem e do sumo mal do primeiro apetite da natureza e do que julgamos adequado e necessário a ela, estes filósofos a negam radicalmente, negando que haja nas coisas qualquer distinção entre o honesto e o torpe, ou razão para antepor umas às outras, ou qualquer diferença entre as coisas mesmas. E Erilo, que assim pensava, negou ademais todo e qualquer bem fora da ciência, e toda e qualquer razão de dever ou de determinação racional. Excluídos pois todos esses pareceres, e não se podendo conceber nenhum outro, é necessário que permaneça de pé o dos antigos. Comecemos, portanto, à maneira dos antigos, que é a de que também se valem os estóicos.

IX

"Todo e qualquer animal se ama a si mesmo, e assim que nasce já busca conservar-se, porque a natureza lhe infundiu o apetite de conservar a sua vida e de ser movido conforme à sua natureza. De início este apetite é confuso e incerto, porque, conquanto se conserve e defenda, não sabe o animal o que é, nem o que pode, nem qual é a sua natureza. Quando, mais adiante, começa a notar quais são as coisas que lhe competem e pertencem, começa também a avançar no caminho da percepção, e a distinguir-se a si mesmo, e, digamos, a compreender por que tem esse apetite que dissemos, e principia a apetecer as coisas que são conformes à sua natureza e a recusar as contrárias. E, assim, todo e qualquer animal tem o apetite voltado para aquilo que é conforme à sua natureza. E o fim dos bens consiste em viver segundo a natureza e em ser movido da maneira mais conforme a ela. E, como cada animal tem a sua própria natureza, é necessário que tenha também o seu próprio fim, o qual aperfeiçoe aquela natureza. Nada impede que haja entre os demais animais, e até entre os brutos e os homens, certos princípios de natureza comum. Não obstante, os fins que buscamos não hão de ser comuns às várias espécies animais, havendo antes cada uma de ter o seu próprio, conforme ao que a natureza de cada uma requer. E, quando dizemos que o fim de todos os animais é viver conforme à sua natureza, nem por isso havemos de entender que é o mesmo o fim de todos, e sim que, assim como dizemos de todas as artes que elas versam sobre alguma ciência, e que apesar disso cada arte tem a sua própria, assim todos os animais têm em comum o viver conforme à natureza, sendo porém diversas as suas naturezas, uma a do cavalo, outra a do touro, outra a do homem, apesar de haver em todos eles princípios comuns, e não só nos animais, mas também em todas as coisas que a natureza alimenta, desenvolve e conserva, entre as quais vemos que as que nascem da terra têm todas as virtudes necessárias para viver e medrar e poder alcançar na sua espécie o seu fim próprio. E assim nos é lícito compreender todas as naturezas em uma só expressão, e não hesito em dizer que toda e qualquer natureza é conservadora de si mesma, e que tem por fim e propósito manter-se no seu melhor estado. Daí se infere, necessariamente, que todas as coisas naturais têm um fim semelhante, mas não o mesmo. E daqui inferimos que o bem último do homem é viver segundo a natureza, o que entendemos deste modo: viver segundo a natureza humana perfeita em todas as suas partes, e sem requerer nada estranho a ela. É isto o que devemos explicar, e vós me haveis de perdoar se não o faço muito pormenorizadamente – é que devemos levar em conta a idade deste que hoje talvez escute falar de tudo isto pela primeira vez."

– Assim é – disse eu –, embora tudo quanto dissesse até agora possa ser facilmente entendido em qualquer idade.

X

– Expostos, pois – continuou –, os fins das coisas apetecíveis, temos de demonstrar por que as coisas sucedem do modo como dissemos. Comecemos pelo primeiro princípio, ou seja, por entender que todo e qualquer animal se ama a si mesmo. E, conquanto isto não admita dúvida, porque é um princípio inerente à mesma natureza e que se pode compreender pelo senso comum, de modo que não se dariam ouvidos a quem quisesse falar contrariamente a isto, apesar disso, pois, para nada omitir, daremos algumas razões dele. Como é possível entender ou pensar que haja algum animal que deteste a si mesmo? Disso resultaria, então, que, quando o apetite do animal começa a impeli-lo para algo que o prejudique, por ser inimigo de si mesmo, se odiará e se amará ao mesmo tempo, o que é impossível. É necessário, portanto, que, se alguém é inimigo de si mesmo, tenha por más as coisas que são boas, e por boas as coisas más, e fuja do apetecível e apeteça o repulsivo, o que seria um verdadeiro transtorno da vida. E, conquanto se encontrem alguns que buscam a morte pela corda ou de outra maneira, como, por exemplo, aquela personagem de Terêncio que se determinou a fazer-se infeliz a si mesma por não ter feito infeliz ao filho, nem por isso havemos de crer que são inimigos de si próprios. Sim, porque a uns move a dor, a outros a cobiça; muitos se deixam levar pelo erro, e, ao lançar-se conscientemente ao mal, crêem, todavia, que buscam um bem, razão por que dizem sem hesitar: 'Isto me convém; faz tu o que te pareça melhor.' Mas aqueles que tivessem declarado guerra a si mesmos gostariam de ser atormentados dia e noite, e, por exemplo, não se acusariam de ter conduzido mal os seus negócios, porque essa queixa não é própria senão dos que se amam a si mesmos. E por isso, sempre que se diz que alguém está descontente consigo mesmo, e que é inimigo de si mesmo e, finalmente, que foge da vida, há de entender-se que a tal o move alguma causa de que podemos inferir que se ama a si mesmo. E não havemos de crer não só que alguém possa odiar-se a si mesmo, mas também que alguém possa ser indiferente com respeito ao seu próprio estado. Seria indiferente todo e qualquer apetite da alma se não nos inclinássemos mais a uma parte que a outra, e se nas coisas que diretamente nos dizem respeito acreditássemos que não temos interesse nenhum.

XI

"E seria ainda mais absurdo dizer, se é que alguém o tentaria fazer, que cada um se ama a si mesmo, mas que todo este amor se dirige a outra coisa que não à própria pessoa que se ama. Quando isso se diz da amizade, dos deveres, das virtudes, ainda se pode entender; mas de maneira alguma podemos entender que nos amemos por qualquer coisa distinta de nós mesmos, o deleite, por exemplo. Por nós amamos o deleite, mas não nos amamos a nós mesmos por ele. E quem não vê que o homem não só se ama a si mesmo, mas se ama com amor ardentíssimo? Quem é que, sentindo aproximar-se a morte, não se enche de temor e inquietação e não sente congelar o próprio sangue? E, se é uma fraqueza sentir deste modo a destruição da natureza, o mesmo podemos dizer da dor, mas isso mesmo prova que a natureza repugna a morte. E, pela mesma razão por que alguns levam este temor a extremos censuráveis, havemos de crer que esse mesmo excesso não pode proceder senão de uma raiz natural. E não falo do medo da morte que sentem os que temem ver-se privados dos bens da vida, ou prevêem maiores tormentos após a morte, ou temem as dores da morte mesma, mas digo que este medo é natural até nas crianças, que não pensam em nenhuma dessas coisas, e que, no entanto, quando, brincando com elas, as ameaçamos de matá-las, nos patenteiam esta verdade. Até as próprias feras, como diz Pacúvio, as mesmas feras que carecem de inteligência e de sagacidade para precaver-se, tremem quando se lhes apresenta o terror da morte. E quem pode crer que sentia de outro modo aquele sábio que, determinado já a morrer, se entristecia porém por deixar os seus e por deixar a própria luz da vida? E nisto se vê principalmente a força da natureza, porque muitos padecem a sua mendicidade em troca de viver, e homens carregados de anos se angustiam com a proximidade da morte e fazem o que, segundo a fábula, fez Filoctetes, o qual, atormentado por insuportáveis dores, manteve porém a sua vida caçando com as suas flechas para, como diz Ácio, fazer com as penas das aves vestes para o corpo. Falo agora dos homens e dos animais, mas pode-se acrescentar que as árvores e as demais plantas têm quase a mesma natureza, seja porque, como sustentam muitos homens doutos, uma causa superior e divina lhes infundiu esta força, seja porque tal procede do acaso. Vemos que as plantas que a terra gera se valem do seu córtex e raízes tal qual se valem os animais da distribuição dos sentidos e dos membros. E, conquanto eu concorde com o parecer dos que ensinam que tudo isto é regido pela natureza, e que, se a natureza não o cuidasse particularmente, não poderia existir, concedo, todavia, aos que divergem desta doutrina o pensar o que prefiram, sempre que entendam que, quando digo a natureza do homem, digo o homem, sem que haja diferença alguma entre as duas coisas. Sim, porque antes poderá quem quer que seja afastar-se de si mesmo que matar o apetite daquelas coisas que são conducentes à sua conservação. Com razão, portanto, os mais ilustres filósofos buscaram na natureza o princípio do sumo bem, e julgaram que aquele apetite das coisas conformes à natureza é ingênito em todos os que naturalmente se amam a si mesmos.

XII

"E, uma vez que provamos que cada um se ama a si mesmo pela sua própria natureza, é necessário investigar qual é a natureza humana. Todos sabemos que o homem se compõe de corpo e alma, sendo a alma superior ao corpo. E vemos em seguida que o corpo está conformado de tal modo, que sobressai entre todos os animais, e que a alma tem por instinto os sentidos e possui as virtudes do espírito, a que toda a natureza humana obedece, residindo nele a admirável potência da razão, da ciência e de todas as virtudes. Mas as coisas que pertencem ao corpo não têm qualidades bastantes para ser comparadas com as partes da alma, e além disso o seu conhecimento é muito mais fácil. Comecemos por elas. Vê-se facilmente quão aptos são para a nossa natureza os membros do nosso corpo e toda a sua figura, forma e estatura, e não é difícil entender quão próprios são do homem a testa, os olhos, os ouvidos e as suas demais partes, e certamente é necessário que ele tenha vigor e fortaleza, e que execute facilmente os seus movimentos naturais, de modo que não falte nenhum deles nem, por esta falta, apareça fraco ou inválido. É isto o que deseja a natureza. Há, portanto, certas ações do corpo que se regem por movimentos e estado conformes à natureza, e, se se peca nelas por alguma depravação ou se são resultado de um movimento ou de um estado disformes – por exemplo, se alguém nasce com as mãos não na frente, mas atrás –, parece que a natureza humana se odeia e foge de si mesma. E por esta mesma razão certos movimentos moles e desagradáveis, como o são os dos homens afeminados e corrompidos, são contra a natureza, de modo que, ainda que procedam de vícios da alma, parece que a própria natureza humana os rejeita no corpo; e, ao contrário, tanto os hábitos moderados e constantes como os movimentos normais do corpo parecem conformes à natureza. Também a alma deve ter incólumes as suas partes, sem que lhe falte nenhuma das virtudes. E igualmente cada um dos sentidos tem a sua própria virtude, mediante a qual afasta toda e qualquer coisa que lhe impeça usar do seu próprio ofício e perceber bem e rapidamente as coisas que lhe estão submetidas.

XIII

"As virtudes da alma, e especialmente daquela parte da alma que é a principal e que chamamos espírito, são muitas, mas podem reduzir-se a duas espécies: à primeira pertencem as coisas que se engendram pela sua própria natureza e que se chamam não-voluntárias; à outra, as voluntárias, cuja excelência é muito maior. À primeira espécie pertencem, entre outras, a capacidade de aprender e a memória, ou seja, todas aquelas virtudes que se compreendem sob o nome de inteligência; chamam-se inteligentes especialmente os que as possuem em grau elevado. Na outra espécie entram as grandes e verdadeiras virtudes a que chamamos voluntárias, como a prudência, a temperança, a justiça e outras. Falei já bastante, creio-o, do que pertence ao corpo e à alma, e assim expliquei suficientemente o que requer a natureza humana. E está claro que, amando-nos a nós mesmos, e querendo que tudo seja perfeito tanto na alma como no corpo, a todas estas coisas as amamos em si mesmas e as temos por muito úteis para a vida feliz. Àquele que se propõe à conservação de si mesmo é necessário que ame as partes do seu próprio indivíduo, e que lhes tenha mais amor quanto mais perfeitas e mais louváveis sejam na sua espécie. Sim, porque a vida que apetecemos é a que abunda em todas as virtudes tanto da alma como do corpo, e o sumo bem deve pôr-se, como quer que seja, no fim último das coisas apetecíveis. Concedido isto, não podemos duvidar que, amando-se os homens por si mesmos, há de estender-se este amor a todas as partes do seu corpo e da sua alma, e a tudo o que pertence ao movimento e ao estado de ambos, sendo tais coisas apetecíveis em si mesmas. Compreendido isto, é fácil conjecturar que as coisas mais apetecíveis hão de ser aquelas que têm maior dignidade, ou seja, as virtudes. E, igualmente, as virtudes da alma hão de antepor-se às virtudes do corpo, e as virtudes voluntárias às não-voluntárias, porque só as primeiras se chamam propriamente virtudes, e, excedendo em muito às outras, como que nascem da razão, que é o que de mais divino há em nós. E, ao contrário, o sumo bem de todas as coisas que a natureza cria e conserva e que ou não têm alma ou a têm muito imperfeita, reside no corpo; e por isso não sem razão se disse do porco que sua alma lhe foi dada à maneira de sal, para que não apodrecesse.

XIV

"Há porém alguns animais, como os leões, os cães ou os cavalos, em que há certa semelhança de virtude e, portanto, em que vemos não só os movimentos corporais, como no porco, mas também alguns que parecem proceder da alma. Mas as superioridades do homem residem todas na alma, e nesta sobreleva a razão, da qual nasce a virtude, que definimos como a sua perfeição. Não obstante isto, nas próprias coisas que a terra engendra há certa perfeição e educação, não muito diferentes das dos animais. E por isso dizemos que a videira vive e morre, e que o renovo e a árvore crescem e envelhecem. Razão por que não é absurdo dizer que as plantas, como os animais, são capazes de certas adaptações convenientes à sua natureza, estando o conservá-las e fazê-las medrar sob os cuidados da ciência e arte do lavrador, que cerceia, poda, enxerta, ergue de modo que a planta possa seguir o caminho que lhe traçou a natureza; e as mesmas videiras, se pudessem falar, diriam que assim querem ser tratadas e conservadas. É verdade que tal força é extrínseca, porque a virtude que a planta possui interiormente não bastaria para dar-lhe a sua perfeição, sendo necessário para tal que se lhe acrescente o cultivo. Que imaginas, todavia, que sucederia se à videira se lhe acrescentasse o sentido, de modo que pudesse apetecer e mover-se por si mesma? Não conseguiria então por si mesma o que alcança pelo cuidado do vinhateiro? E não sentiria então o instinto de conservar os seus sentidos, tudo o que apetece, e os membros que se lhe acrescentassem? Assim, não só se acrescentariam novas coisas às que sempre teve, mas ela própria já não teria o mesmo fim que tinha graças ao cultivador, senão que buscaria viver conforme à sua nova natureza. E, assim, o seu fim último seria diferente do que tinha – ainda que, como já vimos, algo semelhante a ele –, porque já não buscaria o bem próprio da planta, mas o do animal. E, se lhe concedêssemos não só os sentidos, mas também uma razão como a do homem, já não lhe seria necessário conservar não só tudo o que tinha originalmente e as faculdades muito mais nobres que eu disse que lhe teriam sido agregadas em seguida, mas também, por fim, a alma, que é muito mais excelente ainda, e reunir na perfeição desta natureza o fim do sumo bem, pela mesma razão por que o espírito e a razão superam largamente todo o restante? Desse modo, o fim de todas as coisas apetecíveis, nascendo dos primeiros estímulos naturais, passa por muitos graus até chegar ao último, que se aperfeiçoa pela integridade do corpo e da razão.

XV

"Sendo este, portanto, o procedimento da natureza, e se o homem, como disse antes, se conhecesse a si mesmo desde o momento em que nasce, e pudesse compreender qual é a virtude da sua natureza toda e de cada uma das suas partes, veria de imediato qual é o sumo bem, o mais apetecível dentre todas as coisas que buscamos, e não se poderia equivocar de maneira nenhuma. Mas os princípios da natureza estão tão ocultos, que na infância não os vemos nem os conhecemos. Já um pouco crescidos, ou seja, de modo tardio, começamos a conhecer-nos, ou seja, de modo ainda incompleto. E, assim, aquele primeiro instinto que a natureza nos dá é para nós obscuro e incerto, e o primeiro apetite da alma serve somente para manter-nos sãos e íntegros. E, todavia, quando começamos a conhecer e sentir o que somos, e em que nos diferenciamos dos outros animais, começamos também, então, a alcançar o alto fim para que nascemos. Algo semelhante observamos nos animais, que de início não se movem do lugar em que nasceram, mas depois se vão afastando dele, impelidos pelo seu apetite particular. E vemos, assim, que as cobras se arrastam, que os patos nadam, que os melros voam, que os touros usam os chifres e as vespas o ferrão. Em resumo, vemos que a cada um o dirige na vida a sua própria natureza. O mesmo podemos observar no gênero humano. As crianças jazem de início desvalidas, como se carecessem completamente de alma. Quando já se fortaleceram um pouco, começam a valer-se dos sentidos e da razão, e procuram levantar-se e usar as mãos e conhecer os que as educam, e depois se deleitam com os seus iguais, e se comprazem em reunir-se com eles para brincar, e se entretêm ouvindo fábulas, e parece que querem favorecer os outros com o que a elas lhes sobra, e percebem com curiosidade tudo que em sua casa se faz, e começam a recordar e conhecer e aprender algo, e querem saber o nome de todos os que vêem, e com respeito a estas coisas competem com os de sua idade, e se vencem enchem-se de alegria, e se são vencidas angustiam-se e ficam desanimadas – e nada disto sucede sem causa. Sim, porque a natureza humana está ordenada para todas as virtudes, e por esta causa as crianças, ainda sem doutrina nenhuma, se movem por um como simulacro das virtudes, cujas sementes trazem em si, e que são como que os primeiros elementos da natureza, com os quais, ampliados depois, se compõe o poema da virtude. Porque, tendo nascido para fazer algo, e para amar alguém, e para manter em nós o princípio da liberalidade e do agradecimento, e para ter o espírito disposto para a ciência, a prudência e a fortaleza, e alheio às coisas contrárias a estas, não sem causa vemos nas crianças tais centelhas de virtudes, que mais adiante devem acender a razão do filósofo, para que este a siga como a um deus e chegue assim à maior perfeição. E eu já disse que, naquela idade tenra e fraca, a força da natureza se conhece como entre sombras. Quando, porém, o espírito vai já ganhando força, reconhece então as suas virtudes naturais, e, ainda que possa chegar muito longe, necessitará sempre daquele primeiro impulso.

XVI

"Penetremos, portanto, a natureza das coisas, e busquemos no mais íntimo delas quais são as suas necessidades. De outra maneira jamais poderemos conhecer-nos a nós mesmos. E, como este preceito é demasiado alto para que pareça obra humana, foi atribuído a um deus. E, assim, Apolo Pítio manda-nos conhecer a nós mesmos. Consiste o conhecimento em entender as potências do nosso corpo e da nossa alma, e em seguir aquela vida que busca o harmonioso desenvolvimento destas faculdades. E, como desde o princípio sente a alma o apetite de aperfeiçoar tudo o que recebeu da natureza, havemos de confessar que ao fim deste apetite se aquieta a alma, e que é este o sumo bem, o qual necessariamente há de ser apetecido por si mesmo e em sua totalidade, porque, como já se demonstrou, também cada uma das suas partes é apetecível em si mesma. E, se, como se pode notar, omiti o deleite ao enumerar os bens do corpo, é precisamente porque quis deixar esta questão reservada para outra oportunidade. Sim, porque nada importa, para o assunto de que estou tratando, que nestes primeiros movimentos conformes à natureza caiba ou não o deleite. E, se, como creio, o deleite não completa os fins da natureza, com razão o terei omitido. E, se fosse verdade o contrário, tampouco se prejudicaria em nada a nossa concepção do sumo bem. Sim, porque, se aos princípios da natureza se acrescenta o deleite, acrescentar-se-lhes-á tão-somente um bem corporal, e isto não basta para alterar a constituição do sumo bem, que é tal qual expus.

XVII

"Até agora argumentei tomando por ponto de partida os primeiros impulsos naturais. Sigamos agora outra espécie de argumentação, pela qual se demonstre que nos movemos não só por espontâneo amor de si, mas também porque cada parte da nossa natureza, tanto no corpo como na alma, tem virtude adequada para obter a perfeição em seu gênero. E, começando pelo corpo, não vedes que o homem, quando tem algum membro doente, ou fraco, ou mutilado, busca ocultá-lo? E como procura, se possível, que não se veja tal defeito ou, ao menos, que apareça minimamente! E não vemos que chega a suportar muitas dores somente para consegui-lo, de modo que, ainda que o uso destes membros não venha a ser maior, mas antes menor, a sua aparência, todavia, seja mais conforme à natureza? Em resumo, pela mesma razão por que apetece o todo, apetece-se por si mesma cada uma das suas partes. E nos movimentos e gestos do corpo não há nada digno de notar? No andar, no sentar-se, no semblante, no gesto não há nada que nos pareça digno ou indigno de um homem livre? Não julgamos merecedores de ojeriza os que parecem desprezar as leis da natureza nos movimentos ou no semblante? E, se assim é, como não haverá de ser apetecível em si mesma a beleza do corpo? Se julgamos detestáveis em si mesmas a feiúra e a mutilação do corpo, por que não haveremos de buscar com muito afinco a dignidade e a beleza das formas por si mesmas? E, se vemos a beleza no movimento do corpo, por que não haveremos de amar e seguir a beleza? Vê-se, assim, que apetecemos a saúde, a força, a indolência, e não pela sua utilidade, mas por si mesmas. E, como a natureza quer aperfeiçoar-se em todas as suas partes, quer para si aquele estado corporal que seja mais conforme a ela mesma, a qual se perturba inteiramente se o corpo está enfermo, ou dolorido, ou fraco.

XVIII

"Vejamos agora as partes da alma, cujo aspecto é mais deslumbrante, porque, quanto mais são excelsas, mais claros sinais dão da sua natureza. Há em todos tal amor inato ao conhecimento e à ciência, que ninguém pode duvidar que a natureza do homem se deixa levar a estas coisas ainda que sem nenhum benefício. Não vemos que as crianças, ainda que açoitadas, nunca se deixam afastar da contemplação e averiguação das coisas? Como, ainda que as castigueis, como perguntam e se comprazem em conhecer algo! Como desejam contá-lo aos outros, como se deleitam com as brincadeiras, com os espetáculos, com a pompa, e como são capazes de suportar a fome e a sede para consegui-los! E, além disso, não vemos que os que se deleitam com as artes liberais e com os seus estudos não cuidam sequer da própria saúde nem dos próprios haveres, e que suportam tudo com paciência, absortos na contemplação e nas delícias do conhecimento, ainda que tenham de pagar com dores e trabalhos mil os deleites que desfrutam no aprender? Parece-me que Homero quis dar a entender algo disto na sua ficção do canto das sereias, as quais não costumavam atrair os navegadores com a suavidade da sua voz e com a novidade e curiosidade do canto, mas prometendo ensinar-lhes muitas coisas, para que os homens que desejassem aprender fossem chocar-se naqueles penhascos. É deste modo que convidam Ulisses. Traduzirei estes versos de Homero, assim como traduzi outros seus: 'Ó Ulisses, glória dos gregos! Por que não detêns o teu navio para ouvir a doçura do nosso canto? Ninguém atravessou por aqui o mar cerúleo sem primeiro deter-se, atraído pela suavidade das nossas vozes, e depois, saciando o seu peito ávido da doçura dos nossos cantos, tornar mais douto à sua pátria. Nós contar-te-emos a guerra e a queda de Tróia, que os gregos derrubaram movidos por divino nume, porque nós sabemos tudo quanto sucedeu no vasto orbe.' Perfeitamente sabia Homero que a sua fábula não seria crível se supusera que tão prudente varão se deixara atrair por cantilenas vãs. E por isso as sereias lhe prometem a ciência, que para um homem sedento de sabedoria deve sem dúvida ser ainda mais doce que a pátria. Querer conhecer o que quer que seja de qualquer gênero é coisa de curiosos; mas elevar-se à contemplação de coisas maiores e ter o desejo da ciência é próprio de homens ilustres.

XIX

"Qual não há de ter sido o ardor de estudar que inflamava Arquimedes, o qual, enquanto traçava figuras na areia, nem sequer percebeu que a sua pátria fora saqueada pelos inimigos! Quanto engenho consumiu Aristóxeno na música![13] Com que amor dedicou toda a sua vida Aristófanes às letras! E que direis de Pitágoras, ou de Platão, ou de Demócrito, os quais o amor à ciência levou a percorrer os confins do mundo? Os que não entendem estas coisas nunca amaram coisas dignas de conhecimento. E os que dizem que estas ciências

---

13. Aristóxeno de Tarento, filósofo e músico, e discípulo de Aristóteles.

são cultivadas pelo deleite do espírito que delas advém não entendem que os estudos são apetecíveis em si mesmos, porque, ainda que sem nenhuma utilidade, se compraz neles a alma, deleitando-se com a mesma ciência, ainda que hajam de seguir-se-lhe amargores ou inconvenientes. Mas por que havemos de continuar a deter-nos em coisas tão claras? Perguntemo-nos a nós mesmos quanto nos comove a contemplação das estrelas e do movimento dos astros e de todos os fenômenos que oculta a natureza, e quanto nos deleita a leitura dos livros de história, os quais costumamos ler e reler detidamente. E não ignoro que na história há, além de deleite, utilidade; mas não sentimos deleite também em ler fábulas fingidas, das quais nenhuma utilidade se pode extrair? E não queremos saber também o nome dos que fizeram algo, e conhecer seus pais e sua pátria, e muitas outras coisas de todo desnecessárias? E por que o homem de condição inferior, e que não tem nenhuma esperança de intervir jamais nos negócios públicos, se compraz com a história? E não vemos também que os que mais gostam de escutá-la e de lê-la são os velhos, que já não têm esperança de administrar a República? Por isso, forçosamente temos de conceder que nas próprias coisas que são objeto de conhecimento há certo estímulo que nos leva a aprender e a conhecer. Os antigos filósofos representavam a vida dos sábios nas Ilhas Ditosas, dizendo que, livres de todo o cuidado e isentos das amarguras e necessidades da vida, passam todo o tempo exclusivamente em investigar e aprender, embevecidos pelo conhecimento da natureza. Nós, todavia, vemos nesta vida feliz não só o deleite mesmo, mas também o alívio das misérias. E, assim, muitos, estando em poder dos inimigos ou dos tiranos, ou no desterro, aliviaram a sua dor com o estudo e a ciência. Demétrio de Falero[14], principal de Atenas, ex-

---

14. Estadista, orador e historiador grego (séc. II a.C.). Governou Atenas em nome do macedônio Cassandro.

pulso injustamente da sua pátria, refugiou-se em Alexandria, junto ao rei Ptolomeu. Sobressaindo nesta filosofia a que eu te exorto, e sendo discípulo de Teofrasto, escreveu naquele ócio forçado muitas coisas excelentes, não para o governo da República, de que fora privado, mas para o cultivo do espírito, que ele considerava alimento digno da humanidade. E eu ouvi Caio Aufídio, que fora pretor e estava cego, dizer muitas vezes que sentia mais a perda da visão que a de qualquer outro bem. E o próprio sono, se não fosse descanso do corpo e remédio dos trabalhos, tê-lo-íamos por contrário à natureza, porque nos tira o sentido e impede toda e qualquer ação. E, se a natureza não buscasse o repouso ou se o pudesse conseguir por outro meio, facilmente suportaríamos a perda do sono, assim como, pelo afã de fazer ou de aprender algo, de fato costumamos velar longas horas – ainda que contra a natureza.

XX

"Vêem-se em todas as espécies de animais, mas sobretudo no homem, indícios certos, inequívocos, incontestáveis desta necessidade da natureza de agir sempre e não se acomodar, sob nenhuma condição, num repouso perpétuo. E isso é muito facilmente observável nos primeiros tempos da infância. Eu receio que esteja voltando demasiado amiúde a estas classes de exemplos; não obstante, todos os antigos filósofos, e especialmente os meus mestres, costumavam instruir-se junto ao berço das crianças, porque criam que é na nossa primeira idade que melhor se podem compreender as inclinações da natureza. Vemos que comumente as crianças não conseguem manter-se em repouso; já um pouco crescidas, elas comprazem-se até em brincadeiras penosas, sem que sequer pelo castigo lhes possamos impedir o entregar-se a elas; e esta necessidade de agir só aumenta, sem cessar com a idade. Certamente nós não quereríamos o sono de Endimião[15], ainda que embalados continuamente pelos mais agradáveis sonhos; e, se a fortuna a ele nos tivesse lançado, considerar-nos-íamos já como mortos. Não vemos que até os indivíduos mais inúteis do mundo, e que parecem condenados a deplorável impotência, nunca, todavia, deixam de estar numa agitação perpétua do corpo e do espírito, e que, quando nada têm de indispensável que os detenha, se entregam aos dados e jogos de todos os tipos, ou vão buscar passatempo nas charlas, ou, sem conseguir degustar o deleite liberal de uma conversa elevada, engrossam os círculos e reuniões fúteis? Os próprios animais que prendemos para nossa diversão, estando embora mais bem alimentados então do que quando estavam livres, não sofrem por estar cativos, e não aspiram, seguindo o seu instinto, a recobrar a liberdade das suas marchas e dos seus saltos desordenados? Não há homem bem nascido e liberalmente elevado que não preferiria renunciar à vida a passá-la numa completa ociosidade em que os deleites viessem oferecer-se por si mesmos a ele. Por isso, enquanto uns se entregam a quaisquer ocupações particulares, os outros, que têm a alma mais alta, ou se envolvem nos negócios públicos e entram na carreira do poder e das honras, ou se votam completamente ao estudo. E nesta vida, muito longe de ter o deleite por fim, os cuidados, as vigílias e as fadigas são o seu quinhão. Toda a sua ambição é pôr em ação este divino atributo da nossa natureza, a inteligência e a razão; sem buscar o deleite nem fugir dos trabalhos, eles não cessam de rebuscar com uma avidez insaciável as descobertas antigas e de buscar novas invenções eles mesmos; para eles a medida da ciência jamais é cumulada; esquecidos de tudo o mais, eles não alimentam senão pensamentos nobres e puros. E, enfim, a paixão do estudo tem

---

15. Pastor que foi amado de Selene ou Diana, a qual obteve de Zeus que ele conservaria a beleza num sono eterno.

tanto poder sobre os espíritos, que amiúde até aqueles que referem tudo à utilidade ou ao deleite, como se foram estes o verdadeiro sumo bem, não deixam de consumir a sua vida numa contínua meditação da natureza.

[5,21] **XXI**

É pois patente que o homem nasceu para agir. E, como há diversas espécies de ocupações no mundo, e julgando que as mais estimáveis de fato hão de sempre ofuscar as outras, considero eu, tal qual consideraram aqueles cuja doutrina venho aqui expondo, que a mais nobre de todas é o conhecimento das coisas celestes e a descoberta do que há de mais oculto e secreto na natureza. Ponho em seguida a administração da República, ou melhor, a ciência de administrá-la; depois o desenvolvimento da razão, mãe da prudência, da temperança, da força, da justiça, de todas as virtudes enfim, e as suas obras. Aí está o que exprimimos com uma só palavra, o honesto; e é ao conhecimento e à prática de todas estas grandes coisas que a natureza nos conduz, como guia, quando já no-lo permite a idade. Os inícios de todas as coisas são débeis; mas pouco a pouco elas se desenvolvem e crescem. Sábia lei! Há na infância certa meiguice e certa moleza que não permitem os nobres conhecimentos nem as grandes ações. A luz da virtude e da felicidade, as duas coisas mais importantes da vida, não se manifesta senão tardiamente em nós; mas, de fato, não é senão já bem avançados em idade que as podemos compreender perfeitamente. Platão disse-o claramente: 'Feliz aquele que, ainda que já na velhice, pôde chegar à sabedoria e à verdade.' E, uma vez que já tratamos bastante dos primeiros bens que a natureza dá ao homem, tratemos agora dos maiores e conseguintes. Com efeito, a natureza humana engendra e forma o nosso corpo, aperfeiçoando algumas partes desde o princípio, e outras no decurso da idade, sem valer-se muito de socorros nem advertências externas. E aperfeiçoa tanto o corpo como a alma, e a esta adorna de sentidos idôneos para a percepção das coisas do mundo, de modo que não necessite de nenhum, ou quase nenhum, auxílio exterior para a sua conformação. O que porém há no homem de mais excelente e belo, isto o deixa entregue a ele próprio. Sim, porque lhe deu uma razão capaz de alcançar, por si só, toda e qualquer virtude, e lhe infundiu no espírito, que delas pode dispor sem maior esforço, certas noções das coisas mais altas, e o preparou para aprender, e o induz a fazer medrar as sementes da virtude que nele estão plantadas desde o nascimento; mas disso não passou nem passa. Assim, pois, cabe a nós (e, quando digo nós, entenda-se que se trata da filosofia) extrair as conseqüências dos princípios que recebemos, até ver perfeito o que desejamos, o que em si mesmo é muito mais apetecível que os sentidos ou que os bens corporais que antes dissemos, os quais supera a tal ponto a perfeição do espírito, que mal se pode compreender quão grande é a distância entre eles. E, assim, toda e qualquer estima, toda e qualquer admiração, todo e qualquer estudo há de referir-se à virtude e às operações ou obras que são conformes à virtude; e todas as operações que residem na alma, ou todas as obras que ela produz, se compreendem sob o único nome de coisas honestas. Que noção devemos ter de cada uma delas, e quais são as suas forças e naturezas respectivas, e que significam os seus respectivos nomes, é o que veremos depois.

XXII

"Agora só diremos que as coisas a que chamamos honestas devem ser amadas pela sua própria natureza, fora do amor que a nós próprios temos. Perfeitamente no-lo manifestam as crianças, nas quais vemos a natureza como num espelho. Que contendas têm entre si! Como se alegram quando vencem, como se envergonham quando são vencidas! Como preferem os louvores às repreensões! Que trabalhos padecem para ser as primeiras entre outras, que recordação conservam dos que lhes fazem bem, que agradecimento! Tudo isto se vê nas crianças de melhor índole; mas, na idade adulta, quem quer que seja verdadeiramente homem não detesta a torpeza e ama a honestidade? Quem é que não odeia uma juventude libidinosa e proterva? Quem é que não ama o pudor e a constância, ainda que deles não possa extrair nenhum benefício? Quem é que não detesta P. Numitor de Fregelas, traidor da sua pátria, conquanto tenha favorecido a nossa República? Quem não se entusiasma com a recordação de Codro[16], conservador da cidade? Quem não louva as filhas de Erecteu[17]? A quem não repugna o nome de Túbulo? Quem não ama Aristides, ainda após a sua morte? E como não recordar quanto nos comovemos ao ouvir ou ler algum feito piedoso ou algum insigne ato de amizade ou de heroísmo? E que dizeis dos que nascemos e fomos educados para a glória e os louvores? Que clamores, até do vulgo e da gente indouta, ressoam no teatro quando um ator exclama: 'Eu sou Orestes', e responde o outro: 'O verdadeiro Orestes sou eu'! E quando jamais se representou o momento em que eles dão fim ao embaraço do rei, exclamando: 'Dá-nos, então, a morte a ambos', sem que se suscitassem os mais extraordinários aplausos e admiração? Não há ninguém que não aprove e louve aquele generoso afeto em que não só não se busca utilidade alguma, mas também se conserva a boa-fé, ainda que se tenha de renunciar a toda e qualquer utilidade. De

....

16. Último rei de Atenas (séc. XI a.C.), que se sacrificou para assegurar a vitória ao seu povo contra os dórios. Ficou o seu nome como sinônimo de dedicação à pátria.

17. Rei lendário de Atenas e pai das virtuosas Prócris, Oritia, Ctônia e Creusa.

tais exemplos estão repletas não só as fábulas fingidas, mas também a história, sobretudo a nossa. Nós escolhemos um varão excelente para receber o simulacro de Cibele[18]; nós demos tutores aos reis; os nossos generais sacrificaram a própria vida pela salvação da pátria; os nossos cônsules advertiram um rei inimigo, e que se aproximava já das nossas muralhas, de que o queriam envenenar. E viu-se na nossa República uma mulher apagar com a morte voluntária a violação de que fora vítima, e um pai matar a própria filha para salvar-lhe previamente a honra. Com respeito a todas estas ações e outras incontáveis, quem é capaz de não entender que os que se lançaram a elas estavam guiados pelo esplendor da virtude e esquecidos dos seus próprios interesses, e que a nós não nos move a louvá-los nenhuma consideração além da honestidade?

XXIII

"Não multiplico tais exemplos, como poderia, porque são matéria acerca da qual não há dúvida; mas deles deduzo que todas as virtudes, e a honestidade, que nasce das virtudes e nelas consiste, são apetecíveis em si mesmas. Mas, dentre tudo o que merece o nome de honesto, nada há de tão glorioso nem que estenda tão longe a sua influência como a união dos homens com os homens e esta sociedade e comunhão de utilidades a que podemos chamar a caridade do gênero humano, que, nascida no primeiro momento da nossa existência, quando já os filhos são amados pelos pais e toda a casa é enlaçada pelos vínculos de sangue e de estirpe, vai expandindo os seus ramos fora dela, primeiro com os parentescos, em seguida com as afinidades e depois com as amizades, e que das relações com os amigos passa às rela-

---

18. Filha do Céu e deusa da Terra e dos animais, e mulher de Saturno.

ções com os vizinhos e, depois, com os concidadãos e com todos os que publicamente são aliados e amigos da sua República, e que por fim abraça todo o gênero humano. Este afeto, que dá a cada um o que lhe é devido, e que conserva com justiça e amplitude a sociedade do gênero humano, se chama precisamente justiça, à qual se unem a piedade, a bondade, a liberalidade, a benignidade, a cortesia e outras muitas virtudes desta espécie. E todas elas são não só próprias da justiça, mas comuns às demais virtudes. Sim, porque, tendo a natureza humana inato o princípio civil e popular a que os gregos chamam político, nunca deixará o exercício de qualquer virtude de influir na comunidade, na caridade e na sociedade humanas; e, igualmente, apetecerá a justiça as demais virtudes, para nelas verter-se. Só o homem forte e sábio pode guardar a justiça. Tal o concurso de todas as virtudes, tal a própria honestidade, a qual não é outra coisa senão a virtude mesma, ou o feito empreendido pela próprio virtude. Por isso, uma vida conforme à virtude deve ser estimada por reta, honesta, constante e conforme à natureza. Nesta mescla e nesta confusão das virtudes, o filósofo de certa maneira as pode distinguir. Sim, porque, estando embora tão entrelaçadas que todas participam de todas e não é possível separar absolutamente umas das outras, cada uma delas tem, porém, o seu próprio ofício, de modo que a fortaleza se vê nos trabalhos e nos perigos, a temperança na renúncia aos deleites, a prudência na escolha do bem em vez do mal, a justiça no dar a cada um o que lhe é devido. Como, no entanto, em toda e qualquer virtude há algo que olha para o exterior e que apetece e abraça em si os demais homens, segue-se que também os irmãos, os demais parentes, os amigos, os cidadãos e, enfim, todos os homens, porque uma só é a sociedade humana, são dignos de ser amados em e por si mesmos. Isto porém não quer dizer que seja alheio a tais coisas o sumo bem. Há duas espécies de coisas apetecíveis: as que consistem nas virtudes da alma e do corpo, com as quais se aperfeiçoa o sumo bem; e as que são extrínsecas, ou seja, que não pertencem à alma nem ao corpo, como os filhos, os demais parentes, os amigos, a pátria mesma, os quais são certamente amados em e por si mesmos, mas não pertencem à mesma espécie das coisas ditas anteriormente. Mas ninguém jamais poderá alcançar o sumo bem se desprezar estas coisas que, conquanto exteriores a ele, são apetecíveis em si mesmas.

XXIV

"Tu porém me dirás: Como pode ser verdade que tudo se refira ao sumo bem, se a amizade, o parentesco e as demais relações externas não estão contidos neste mesmo sumo bem? Precisamente por esta razão; porque as coisas que são externas, conservamo-las mediante a prática daqueles deveres que nascem da espécie própria de cada virtude. O amor aos amigos e aos pais aproveita-nos pelo motivo mesmo de que se conta entre as ações boas, que nascem da virtude. Cultivam-na os sábios, tendo por guia a natureza, mas os homens que não atingiram tal perfeição, ainda que sejam dotados de notável talento, movem-se pela esperança da glória, que tem forma e semelhança de honestidade. E que gozo não nos causaria o contemplar a mesma honestidade perfeita e absoluta, a mais excelente e digna de louvor dentre todas as coisas, quando tanto nos alegra já uma confusa opinião acerca dela! Como podemos supor que um homem entregue aos deleites, inflamado nas chamas da cobiça e possuidor do que por tanto tempo desejou haverá de sentir tanto deleite como Cipião, o velho, ao vencer Aníbal, ou o segundo Cipião, ao destruir Cartago? A quem alegrou tanto o curso do Tibre[19] em dia de festa como a Lúcio Paulo, ao trazer acorrentado, pelo mesmo rio, o rei Perseu? Ergue, pois, o espírito, meu caro Lú-

---

19. Rio da Itália que banha Roma e deságua no mar Tirreno.

cio, e contempla a alteza e excelência das virtudes, e já não duvidarás que os homens que participam delas e que vivem com espírito nobre e esforçado são sempre felizes, porque sabem que todos os movimentos da fortuna e a mudança das coisas e dos tempos são leves e de pouca duração, se confrontados com a virtude. Os bens a que chamamos bens do corpo servem de complemento à vida feliz, mas de modo tal, que ainda sem eles pode existir esta vida, porque é coisa tão pequena e exígua o que acrescentam ao bem, que, assim como as estrelas se obscurecem pelos raios do sol, assim esses bens mal se revelam ao lado do esplendor das virtudes. E, assim como dizemos com verdade que os bens do corpo são exíguos e de pouca duração para a vida feliz, assim seria demasiadamente violento dizer que nada importam. Os que sustentam isto se esquecem, a meu ver, dos mesmos princípios naturais que eles reconheceram. Algo se há de conceder, portanto, ao corpo, ainda que te seja necessário entender quão pouco se lhe deve conceder. Deve o filósofo que não busca a vanglória, mas sim a verdade, guardar-se de não estimar em nada o que os mesmos jactanciosos estóicos confessam proceder da natureza, e ao mesmo tempo estimar tanto o valor da virtude e autoridade da honestidade, que todas as outras coisas pareçam não inúteis, mas tão pequenas que quase as podemos dizer nulas. É esta a doutrina dos que não desprezam tudo o que esteja fora da virtude, e que porém tributam à mesma virtude os devidos louvores. E é esta a explicação completa e perfeita do sumo bem. Daqui tomaram seu fundamento todas as demais escolas, querendo cada uma, todavia, parecer inventora de nova doutrina.

XXV

"Amiúde Aristóteles e Teofrasto encareceram com palavras admiráveis o valor da ciência em si mesma. Extremando esta razão, Erilo defendeu que a ciência é o sumo bem e a única coisa apetecível em si. Muito disseram os antigos sobre o desprezar as coisas humanas. Mas isto não o defendeu senão Aríston, negando que fora dos vícios e das virtudes haja qualquer coisa digna de ser amada ou detestada. Contam os nossos entre as coisas que são conformes à natureza a indolência. Mas Jerônimo disse que é ela o sumo bem. Califonte, no entanto, e depois Diodoro, amando embora um o deleite e o outro a indolência, não puderam prescindir da honestidade, tão louvada pelos nossos. Até os próprios voluptuosos buscam outras coisas em que ocupar-se e têm o dia todo na boca a virtude, conquanto digam que por meio dela não buscam senão o deleite, chegando depois o costume a formar-lhes uma segunda natureza, que então os move a fazer muitas coisas de que não esperam nenhum deleite. Restam tão-só os estóicos, os quais não só tomaram de nós um que outro parecer – copiaram ao pé da letra quase toda a nossa filosofia. E, assim como os ladrões mudam a aparência das coisas que roubaram, assim os estóicos, para usar das nossas sentenças como próprias, mudaram os nomes, que são os sinais das idéias. Não sobra, portanto, senão a nossa escola, a única digna dos estudiosos das artes liberais, a única digna dos eruditos, a única digna dos homens ilustres, a única digna dos principais, a única digna dos reis."

Tendo disto isto, deteve-se um pouco, e acrescentou:

– Parece-vos que já vos satisfiz de acordo com o que eu podia, entretendo-vos por longo tempo os ouvidos?

E eu respondi-lhe:

– Tu, amigo Pisão, hoje como em outras vezes, mostraste-nos que, se pudéssemos ter-te sempre ao nosso lado, pouco teríamos que consultar os gregos. E confirma-me muito mais isto a lembrança do teu mestre Estáseas, o Napolitano, peripatético ilustre, que costumava explicar o que explicaste de modo diferente, concordando com o parecer daqueles que dão muita importância à fortuna próspera ou adversa e aos bens ou males do corpo.

— Assim é – respondeu-me; – mas essas coisas as explica o nosso Antíoco muito melhor e com mais força que Estáseas. Mas, em verdade, eu não pretendo convencer-te a ti, mas a este nosso jovem Cícero, a quem quero arrebatar-te.

XXVI

— A mim me parecem prováveis tais doutrinas – disse Lúcio –, e creio que a meu irmão também.

— Permitirás, portanto, a este moço segui-las – disse-me Pisão – ou preferes que aprenda a confessar que nada sabe?

— Eu permito-lhe seguir-vos. Mas não recordas que a mim me é lícito concordar com o que acabas de expor? Quem pode deixar de aprovar o que lhe parece provável?

— E quem – replicou-me – pode aprovar o que não percebeu, nem compreendeu, nem conheceu?

— Não é essa a razão da divergência, ó Pisão, pois o que mais me move a contradizer os estóicos é o modo mau como definem a percepção, dizendo que não se pode perceber senão o que é tão patentemente verdadeiro que por si só é capaz de impedir a infiltração do erro. E por isso divirjo dos estóicos, mas não dos peripatéticos. Deixemos porém de lado esta disputa, que seria longa e muito litigiosa. Creio, isto sim, que disseste com demasiada precipitação que todos os sábios são sempre felizes. Deixaste-te levar, sem dúvida, pela torrente da improvisação, porque, se é verdade o que ensinou Teofrasto acerca da fortuna, da dor e dos tormentos do corpo, com os quais ele de modo algum crê compatível a vida feliz, receio que não tenhas acertado neste ponto, e não posso compreender que um homem possa ser feliz e ao mesmo tempo oprimido de muitos males. Não sei como conciliar essas duas coisas.

— Não te parece – redargüiu – que a virtude tem tanta força, que por si mesma basta para a felicidade da vida? E, se aprovas isto, poderás negar que os que participam da virtude, ainda que padeçam algum mal, são felizes?

– Eu creio que há grande força na virtude, mas qual seja a sua magnitude, isto o veremos em outra hora. Agora não tratamos senão de averiguar se, admitindo-se qualquer outra coisa além da virtude no rol dos bens, é razoável admitir que a virtude possa por si só fazer a vida feliz.

– Se concedes aos estóicos que a virtude basta para tornar a vida feliz, tens de concedê-lo também aos peripatéticos. Sim, porque os mesmos estóicos, que não ousam qualificar de más muitas coisas, as dizem porém duras, incômodas, repugnantes e contrárias à natureza; nós, ao contrário, concedemos que são males, mas exíguos e de pouca importância. Se, por conseguinte, pode ser feliz aquele que padece duros trabalhos, igualmente o pode aquele que padece pequenos males.

– Se há alguém, amigo Pisão, que veja com agudeza onde precisamente reside a dificuldade, esse és tu, sem dúvida alguma. Presta-me atenção, portanto, peço-te, porque, talvez por culpa minha, ainda não entendeste o que estou buscando.

– Estou querendo saber o que respondes à minha pergunta.

XXVII

– Respondo-te – disse-lhe – que não investigo agora o que pode fazer a virtude, mas sim as contradições que possa haver entre os vossos dogmas.

– E de que modo? – replicou-me.

– Sim, porque Zenão diz ao modo de oráculo: 'A virtude é suficiente para a felicidade da vida.' 'E por quê?', perguntar-lhe-emos. E ele responderá: 'Porque não há nenhum outro bem senão o que é honesto.' Não tento averiguar agora se o que diz é verdade; basta saber se os seus princípios têm perfeita coesão entre si. O próprio Epicuro poderia dizer que o sábio é sempre feliz, e tanto, que ainda em meio dos maiores tormentos pode exclamar: 'Quão suave é isto! Quão pouco me preocupo com isto!' Não disputarei com Epicuro acerca da natureza do bem; a única coisa que direi é que não entendo o que ele afirma, uma vez que confessou antes que a dor é o sumo mal. O mesmo argumento hei de usar agora contra ti. Tu chamas bens e males às mesmas coisas que recebem esses nomes entre o vulgo, o qual nunca viu um filósofo nem sequer pintado. Diz o vulgo, portanto, que são bens a saúde, as forças, a estatura, a beleza, a integridade; e que são males a deformidade, as doenças, a fraqueza. E, além dos bens corporais, incluirão também naquele número os amigos, os filhos, os demais parentes, as riquezas, as honras, porque tudo isto são instrumentos para o bem. Não esperes que eu diga nada contra isso, mas a verdade é que, se há males que podem afetar o sábio, não pode bastar a sabedoria para a vida feliz.

– Talvez não baste para levá-lo ao cume da felicidade, mas para viver feliz, sim, basta.

– Eu já percebera que antes o explicavas desse modo, e sei que o nosso Antíoco tende para este parecer. Mas que coisa mais fora de todo o razoável há do que supor que alguém é feliz, mas não maximamente feliz? Quando uma coisa é suficiente, o que quer que se lhe acrescente será excessivo, razão por que ninguém é demasiadamente feliz, nem ninguém mais feliz que outro também feliz.

– Por conseguinte – redargüiu-me –, aquele Quinto Metelo que viu três filhos seus cônsules e um deles, ademais, censor e triunfador, e o quarto pretor, e que os deixou a todos vivos e três filhas bem casadas, e que foi, ele próprio, cônsul, censor e áugure e também obteve as honras do triunfo, este te parecerá mais feliz (supondo que ambos fossem sábios) que aquele Régulo que morreu em poder dos inimigos, por demasiadas vigílias e fome?

XXVIII

– E por que me perguntas isso? – disse-lhe. – Pergunta-o aos estóicos.
– E que pensas que me responderão? Certamente, que Metelo não é mais feliz que Régulo.
– É isso o que sem dúvida dirão. Mas estamo-nos afastando demasiadamente do nosso propósito, porque eu não pergunto o que é verdadeiro, mas quero saber o parecer exato de cada um. Quem dera me dissessem os estóicos que um é mais feliz que o outro! Com isso se arruinaria todo o seu sistema, porque, fazendo consistir o sumo bem exclusivamente na virtude e na honestidade, e não sendo possível, segundo eles, que a virtude nem a honestidade cresçam, e não havendo outro bem além do que cada um possui, quem pode ser mais feliz que qualquer outro, não sendo suscetível de aumento aquilo em que a felicidade consiste? Não vês como essas coisas se concatenam? E, em verdade, devemos confessar que é admirável o método e o encadeamento das proposições nos estóicos. No seu sistema correspondem-se o fim e o princípio, e o meio com ambos os extremos, e todos os princípios entre si, e vêem-se com clareza tanto as conseqüências como as proposições contrárias. Em geometria, se concedes o princípio, tens de concedê-lo totalmente. E, se concedes que não há outro bem além da honestidade, tens de conceder que exclusivamente na virtude consiste a felicidade da vida. Volta pois atrás: se convéns nisto, tens de convir também naquilo, mas os vossos não o quererão fazer. Vós estabeleceis que há três espécies de bens, e nada mais

cômodo. Mas o vosso raciocínio vai muito depressa e, ao chegar ao fim, tropeça, porque aspira a provar que nada pode faltar ao sábio para que seja feliz. Honrado discurso esse, digno de Sócrates ou de Platão.

– E eu atrevo-me a repeti-lo.

– Não te atreverás, a não ser que aceites este outro argumento: se a pobreza é um mal, nenhum mendigo pode ser feliz, ainda que seja sábio. Zenão, porém, chama-lhe não só feliz, mas também rico. Se a dor é um mal, aquele que for crucificado não poderá ser feliz. Se os filhos são um bem, será uma miséria a orfandade. Se a pátria é um bem, será um mal o desterro; se é um bem a saúde, será um mal a doença. Se é um bem a visão, será um mal a cegueira. E, conquanto de cada uma dessas coisas ditas más possa consolar-se o sábio, como pode suportá-las a todas? Imaginemos um sábio cego, fraco, gravemente doente, desterrado, órfão, pobre, torturado num potro – como chamarás a este, ó Zenão? Sem dúvida lhe chamarás feliz.

– E por que não felicíssimo? Sim, porque já mostrei que não cabem graus na virtude, na qual reside a felicidade suma.

– Se levássemos esta questão ao povo, a quem conseguirias convencer de que tal homem é feliz? Se a levasses aos prudentes, talvez duvidassem que a virtude pode tanto que os que a possuem são felizes até no próprio touro de Fálaris, mas não duvidariam que as proposições dos estóicos concordam entre si e as vossas não.

– Agrada-te, por conseguinte, aquele livro de Teofrasto sobre a vida feliz?

– Afastamo-nos muito do nosso propósito, e não sigamos adiante, Pisão, se é que tu professas tal parecer acerca dos males.

– E tu não o crês assim?

– Não quero tocar esta questão – respondi-lhe –, porque, para me responderes, terias de contradizer-te.

— De que modo? — perguntou.
— Porque, se realmente são males, aquele que os padeça não será feliz. E, se não são males, rui todo o sistema dos peripatéticos.

Então ele, sorrindo, disse-me:
— Já vejo onde vais parar; receias que eu te tire o discípulo.
— Leva-o, se ele te quiser seguir, porque, estando contigo, estará comigo.

XXIX

— Escuta-me agora, ó Lúcio — prosseguiu. — Vou dirigir-me a ti. Toda a autoridade da filosofia, como o diz Teofrasto, consiste em buscar a felicidade, porque a todos nos inflama o desejo de viver feliz. Nisto convenho com teu irmão. Poderá dar-nos a filosofia esta vida feliz? Certamente ela no-lo promete. Se não tivesse tido a esperança de alcançá-la, por que teria feito Platão a sua viagem ao Egito, para aprender com os sacerdotes bárbaros os números e a astronomia? Por que foi depois a Tarento para escutar Arquitas? Por que foi a Locros visitar os outros pitagóricos, Equécrates, Timeu, Aríon? Para acrescentar ao que aprendera com Sócrates a disciplina de Pitágoras e aquelas ciências que Sócrates rejeitava. Por que percorreu Pitágoras o Egito e por que foi consultar os magos da Pérsia? Por que atravessou tantas regiões e tantos mares? Por que também o fez Demócrito, de quem verdadeira ou falsamente se diz que arrancou os olhos para melhor pensar, sendo certo que, para não distrair o seu espírito da contemplação e para não buscar nada além da vida feliz, abandonou o seu patrimônio e deixou incultos os seus campos? Sim, porque, se ele fazia consistir a vida feliz no conhecimento das coisas naturais, é porque esperava alcançar, mediante aquela investigação da natureza, a serenidade de espírito, que ele considerava o sumo bem, e a que chamava ora *euthumian*, ora *athambian*, ou seja, um espírito livre de terrores. Tudo isto, todavia, não passava de tentativa, ainda que notável, e a verdade é que Demócrito disse pouco sobre a virtude, e ainda assim de modo confuso. A arte moral não floresceu até que Sócrates, na sua cidade, começou a buscá-la, passando ela depois a ser tratada nestes mesmos jardins da Academia. E indubitavelmente os mestres desta Academia fizeram consistir na virtude toda a esperança não só de viver bem, mas de viver de modo feliz. Com os nossos aprendeu Zenão, ainda que, seguindo a regra das causas judiciárias – *de eadem re (fecit) alio modo* –, tenha tratado as mesmas coisas de modo diferente. Tu o admiras e lhe aprovas o ter evitado, com a mudança dos nomes, a mesma espécie de incongruência de que, embora a condenemos nós mesmos, nos acusam. Diz ele que a vida de Metelo não é mais feliz que a de Régulo, mas deve antepor-se a ela, e que não é mais apetecível, mas preferível, e que, se houvesse opção, deveríamos escolher a vida de Metelo e recusar a de Régulo. De minha parte, àquilo que ele chama preferível eu chamo feliz, e nem um só momento concedo a esta vida mais que o que lhe concedem os estóicos. Que diferença há, portanto, entre nós, senão que eu dou às coisas os seus nomes, nomes conhecidos, ao passo que eles buscam novos nomes para dizer o mesmo? E, assim como no Senado há sempre alguém que requer intérprete, assim nós temos de escutá-los a eles com intérprete. Chamo bem ao que é conforme à natureza, e chamo mal ao que lhe é contrário. E não só eu, mas também tu, Crisipo, quando estás no fórum ou em casa, ainda que na escola o faças de outro modo. E crês tu que os filósofos devem falar de um modo e os homens de outro, de uma maneira os doutos e de outra os indoutos? A verdade é que todos os homens convêm no valor de cada coisa, e que, se os estóicos fossem como os demais homens, chamariam a cada coisa do mesmo modo. Desde que convenham quanto às coisas, podem forjar palavras ao seu bel-prazer.

XXX

"E, para que não me digas tu, ó Cícero, que me afasto da questão, trato agora da acusação de incongruência, que fazes consistir nas palavras e que eu julgava que dissesse respeito às coisas. Sim, compreendeste muito bem em que coincidimos com os estóicos, a saber, no afirmar que a força da virtude é tal, que, se reunimos todas as demais coisas do mundo, quase não são dignas de que lhes prestemos atenção, apesar de que eles próprios confessam que devem ser escolhidas, e tomadas, e antepostas, e tidas em alguma estima. Eu, que em vez de tantos nomes como aplicam os estóicos, alguns novos e forjados por eles, e outros sinônimos (sim, porque que diferença há, aqui, entre apetecer e escolher, e a mim mesmo até me parece preferível o que se escolhe e aquilo com respeito ao qual cabe discernimento?), chamo a todas estas coisas bens, claro está que as tenho por grandes e por apetecíveis. Como, porém, em verdade, não as estimo mais, dizendo que são apetecíveis, do que tu, que a elas chamas bens, é necessário que todas estas coisas se obscureçam e mal se deixem ver sob o brilho dos raios da virtude. Dir-me-ás que não se pode chamar feliz a vida em que há algum mal. Desse modo, tampouco poderíamos chamar abundante a uma messe onde se encontre o joio em meio do trigo, nem lucrativo a um negócio de mercadores onde em meio de grandes ganhos tenha podido haver alguma perda. Não sucede o mesmo na vida? É claro que a temos de julgar pela sua melhor parte. E é duvidoso que a virtude ocupa o lugar mais alto dentre todas as coisas humanas, obscurecendo todas as demais? Atrever-me-ei, portanto, a seguir chamando bens às coisas que são conformes à natureza, e a não despojá-las do seu antigo nome nem inventar novos, e a pôr no outro prato da balança todas as magnificências da virtude. E crê-me: este pesará mais que toda a terra e mar juntos. Sempre qualificamos as coisas pela sua parte melhor ou dominante. Dizemos que alguém vive uma vida alegre. Deixará de ser alegre a sua vida porque alguma vez lhe invada a tristeza? Por outro lado, Marcos Crasso, de quem Lucílio disse que riu uma única vez na vida, nem por isso deixou de ser chamado *agélastos*, ou seja, aquele que nunca ri. E chamam feliz a Polícrates de Samos[20]. Com efeito, nada de mau lhe sucedera, até que ele próprio lançou ao mar o anel de que tanto gostava. Chamar-lhe-íamos infeliz por este único desgosto? Ou lhe voltaríamos a chamar feliz quando este anel foi encontrado nas entranhas de um peixe? A verdade é que, se era néscio, e não podia deixar de sê-lo sendo tirano, nunca foi feliz. E, se tivesse sido sábio, tampouco teria podido considerar-se infeliz quando o crucificou Orestes, pretor de Dario. Dir-me-ás que o sábio padece muitos males. Quem o nega? Mas a esses males os obscurece a grandeza da virtude.

XXXI

"E não concederás aos peripatéticos sequer que a vida de todos os homens honrados e sábios e ricos de todo o gênero de virtudes tem mais de bem que de mal? Quem diz isto? Os estóicos? De modo algum: os próprios epicuristas, que medem tudo pelo deleite e pela dor, afirmam que ao sábio lhe acontece mais amiúde o que ele deseja que o que ele não deseja. Se tanto concedem à virtude os mesmos fi-

....

20. Tirano de Samos, morto em Magnésia do Meandro em 522 a.C. Durante os seus dez anos de reinado, atraiu à sua corte grande número de artistas e escritores, entre os quais o célebre poeta lírico Anacreonte.

lósofos que dizem que, se não fosse pelo deleite que esperam, não moveriam um dedo para alcançá-la, que havemos de dizer nós, que uma virtude de espírito, ainda que pequena, a antepomos a todos os bens do corpo, de modo que diante daquela estes nem sequer se devem mencionar? Quem se atreve a afirmar que o sábio pode alguma vez abandonar para sempre a virtude em troca de livrar-se da dor? Quem de vós diria que é melhor fazer algo torpe com deleite que fazer algo honesto com dor? E que dizer daquele Dionísio de Heraclea que se afastou tão pouco gloriosamente dos estóicos – por causa de uma dor nos olhos? Sim, Zenão não conseguira persuadi-lo de que não há dor quando dói. Ouvira sem dúvida, sem todavia chegar a compreender, que aquela dor não era um mal, porque não era torpe e podia ser tolerada. Se porém Dionísio tivesse sido peripatético, teria permanecido, segundo creio, na sua doutrina, porque os nossos dizem que a dor é um mal, mas, a respeito do modo de padecê-la com fortaleza, dão o mesmo preceito que os estóicos. Arcesilau, por seu turno, conquanto tenha sido mais pertinaz na disputa, pensou, contudo, como os nossos, porque era discípulo de Pólemon. Atormentando-o um dia as dores da gota, veio visitá-lo Carnéades, grande amigo de Epicuro. E, como ao retirar-se se mostrasse triste Carnéades, disse-lhe Arcesilau pondo a mão sobre o coração: 'Não te vás, amigo Carnéades, porque a dor dos pés não chega até aqui.' No entanto, ele teria preferido não padecer aquelas dores.

XXXII

"Este é o nosso sistema, que a ti te parece incongruente. É tal a augusta e divina condição da virtude, que onde quer que ela se encontre não pode haver misérias nem calamidades, conquanto, sim, trabalhos e desgostos. E por isso não hesito em dizer que todos os sábios são sempre felizes, mas que pode haver alguns mais felizes que outros."

– Era nisto que devias ter insistido, ó Pisão, e, se o tivesses provado não só ao nosso jovem Cícero, mas a mim mesmo, nos terias levado a ambos para a tua escola.

Disse então meu irmão Quinto:

– A mim me parece suficientemente provado. E alegro-me de ver que a tua filosofia, que eu antes considerava já como a maior de todas as riquezas, pedindo-lhe sempre auxílio em todos os meus estudos, seja também mais aguda que a de todas as demais escolas, apesar de a alguns parecer o contrário.

– Não mais que a nossa – replicou Pompônio, rindo. – Como quer que seja, o teu discurso me foi muito grato. O que eu não acreditava que se pudesse dizer em latim, disseste-o tu, e não com menos clareza que os gregos e com palavras próprias. Mas já é tarde; se quiserdes, voltaremos para a minha casa.

Dito isto e terminada a disputa, voltamos para a cidade, para a casa de Pompônio.